Jul Bruno Laner

Genusswelt
Südtiroler Bauernhof

Bauernhof spüren: Urlaub, Qualitätsprodukte, Schankbetriebe

D1677184

TAPPEINER.

DOLOMITEN

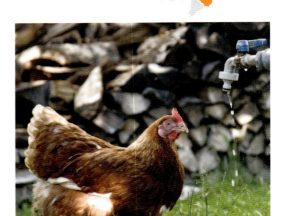

Urlaub auf dem Bauernhof

Qualitätsprodukte vom Bauern

Bäuerliche Schankbetriebe

TAUFERER AHRNTAL

Urlaub auf dem Bauernhof

WANDERVORSCHLÄGE

URLAUB AUF DEM BAUERNHOF

Sanfter Tourismus in Reinkultur

Von den alpinen Hochlagen abgesehen, ist Südtirol eine einzigartige, perfekt gepflegte Kulturlandschaft. Vor Jahrhunderten schon rang man den kargen Böden in den Tälern und an den Berghängen die wenigen, oft nur kleinen nutzbaren Flächen ab. Obstgärten, Weinberge, Almen und Weiden entstanden, die seit Generationen bewirtschaftet werden und sich, wie von einem Landschaftsarchitekten arrangiert, harmonisch in die Umge-

bung einfügen. Die Hof-Betriebe sind bis heute klein geblieben, so hat sich über all die Zeit am Nebeneinander von bäuerlicher Kultur und alpiner Natur nur wenig geändert. Vor allem die junge Generation engagiert sich wieder ganz bewusst für die Bewahrung der Traditionen. Und das zugleich sehr innovativ. Blick zurück nach vorn: Wie kaum eine andere Region trifft Südtirol somit den Trend zu Qualität und unverfälschtem Erleben im

Urlaub. Ein Fundus für viele spannende Geschichten und noch mehr Reise-Ideen.
Urlaub auf dem Bauernhof ist in Südtirol ein wichtiger Wirtschaftsfaktor, schließlich sind viele Bauern auf den Zu- und Nebenerwerb angewiesen. Zugleich ist es sanfter Tourismus im besten Sinne. Mit den Nebeneinkünften können die überschaubaren bäuerlichen Strukturen nachhaltig aufrechterhalten werden. Den Besuchern wiederum bietet sich ein Leben mit den Einheimischen, den Traditionen und der Natur. Ob hoch oben in den Bergen, auf einem alten Weinhof im Etschtal oder auf einem Obstbaubetrieb im Meraner Land: Überall erlebt man die bäuerliche Realität, köstliche hofeigene Produkte und die unvergleichliche Schönheit und Vielfalt des Landes. Eine Erfahrung, die nicht nur Kinder begeistert. Die Authentizität der Betriebe wird vom Südtiroler Bauernbund durch einen strengen Kriterienkatalog garantiert und anhand der Blumenanzahl ersichtlich, bei dem auf Hofbild, Ausstattung und Erlebbarkeit geachtet wird. So darf der Betrieb maximal sechs Zimmer oder vier Ferienwohnungen zur Verfügung stellen.

Urlaub auf dem Bauernhof in Südtirol ist so vielfältig wie das Land selbst. Während auf dem Obstbaubetrieb im Meraner Land Palmen, Oleander und Blauregen den Ausblick ins Tal rahmen, kann man auf dem Bergbauernhof weit oben vielleicht gerade Steinadlern in der Thermik zusehen und dabei sympathischen Ziegen über den Kopf streicheln. Zwischen 200 und 1900 Metern Meereshöhe liegen die Höfe, mal lieblich im Tal, mal so steil am Berg, „dass selbst die Hühner Steigeisen tragen", wie es heißt.

QUALITÄTSPRODUKTE VOM BAUERN

Klasse statt Masse

Südtirol genießt als Erzeuger hochwertiger heimischer Produkte einen ausgezeichneten Ruf. Von der geographischen Lage und dem sonnigen Klima verwöhnt, wachsen auf den Feldern und in den Bauerngärten südlich des Brenners herrliches Obst, gesundes Gemüse und aromatische Kräuter heran. Ausgehend von dieser Fülle an natürlichen „Zutaten" haben sich einige Südtiroler Bauernhöfe dafür entschieden, ihre Produkte zu verarbeiten und zu veredeln und unter dem Gütesiegel „Roter Hahn" auf den Markt zu bringen.

Und der Erfolg gibt ihnen Recht: Wenn es ums Essen geht, bevorzugen immer mehr Menschen Qualität statt Masse. Sie besinnen sich wieder auf die Herkunft ihrer tagtäglich konsumierten Lebensmittel. Genau für diese Menschen stellen die Südtiroler Bauernhöfe mit ihren hochwertigen Produkten eine Alternative dar. Unter dem „Roten Hahn" werden Fruchtsäfte und -aufstriche, Fruchtsirupe, Käse und Freilandeier sowie andere verarbeitete Lebensmittel wie Trockenobst, Kräuter, Essige und Destillate angeboten. 75% der Rohwaren stammen direkt vom eigenen Bauernhof, maximal 25% können nachweislich von anderen landwirtschaftlichen Betrieben in Südtirol dazugekauft werden. Auch für die Qualität der angebotenen Produkte bürgt der Rote Hahn. Eine unabhängige Fachkommission prüft in einer Blindverkostung alle Lebensmittel und entscheidet über die Verleihung dieses Gütesiegels. Die Produkte sind nicht nur am Hof, sondern auch in ausgewählten Fachgeschäften Südtirols erhältlich.

BÄUERLICHE SCHANKBETRIEBE

Die Bäuerin bittet zu Tisch

Seit jeher bitten viele Höfe in den Weingegenden ihre Gäste im Herbst zu Tisch. Das „Törggelen", das Verkosten des jungen Weins zusammen mit Südtiroler Spezialitäten vom eigenen Hof, ist für viele Einheimische und Gäste das absolute Highlight. Nirgends schmeckt es dann so gut wie beim Bauern. Doch auch zu anderen Jahreszeiten laden die Bäuerlichen Schankbetriebe zu selbstgemachten Säften, kalten und warmen Gerichten. Südtirols Küche ist legendär und beste Qualität ist Ehrensache. Der „Rote Hahn" bürgt dafür.

Vom Buschenschank in den Weinbaugebieten bis hinauf zu urigen Stuben der Bergbauernhöfe können Gäste hier echtes Landleben genießen. Strenge Kontrollen sorgen für gleichbleibend hohe Qualität. Die Eigenbauweine in den Buschenschankbetrieben werden zudem von einer Expertengruppe des Versuchszentrums Laimburg und des Arbeitskreises Weinbau im Südtiroler Bauernbund verkostet. Beim „Roten Hahn" wird herzhafte Hausmannskost somit zum kulinarischen Hochgenuss. Berühmt ist die Marende, eine Brotzeit mit herzhaftem Speck, Geräuchertem, würzigem Käse und schmackhaftem Bauernbrot. Gefüllte Teigspezialitäten wie „Schlutzer" oder „Tirtlen" sind als Vorspeisen beliebt, deftig wird es bei Hauptgerichten wie „Schöpsernes" mit Lamm oder Schaf. Nicht zuletzt sind die Süßspeisen eine Versuchung: Krapfen, Strudel oder „Kniekiechl", in Fett gebackenes Germgebäck. Zu Gast bei Hof in Südtirol bedeutet Genuss direkt beim Erzeuger. Die Zutaten sind stets frisch und richten sich nach der Jahreszeit.

Vorra-Höfe bei St. Martin im Kofel

STECHERHOF   GRAUN IM VINSCHGAU

KONTAKT

Familie Joachim Stecher

Fischerhäuser 82
I-39027 Graun im Vinschgau/
St. Valentin a. d. Haide
Tel. + 39 0473 634010
stecherhof@gmx.net
www.erlebnisbauernhoefe.com/
stecherhof.html

Öffnungszeiten
ganzjährig

Ausstattung
2 Ferienwohnungen und
1 Doppelzimmer

Hofeigene Produkte
Milch, Eier, Käse, Butter, Marmelade, Gemüse

Der Hof am See

Die Vinschgauer Erlebnishöfe sind eine Gruppe von Höfen, der insgesamt 7 Bauernhöfe vom Reschen bis nach
Schlanders angehören. Sie zeichnen sich durch einzelne
Besonderheiten aus, die der Gast am besten kennen lernt,
wenn er an den einzelnen Angeboten der Höfe teilnimmt.
Bei diesen zeigt sich der Hof in seinem jeweiligen Spezi-
algebiet. Die Teilnahme ist kostenlos. Der Stecherhof ist
einer von jenen, die eine besondere Eigenart aufzuwei-
sen haben. Hier kann man ausgefüllte Ferien genießen,
Ruhe, gepflegte Natur sowie herzhafte Gastfreundschaft
erleben und mit einer Vielzahl von Tieren auf Tuchfühlung
gehen. Besonders für Kinder gibt es viele Möglichkeiten,
mit den Tieren Freundschaft zu schließen, zum Beispiel im
Kleintiergehege neben dem hauseigenen Spielplatz. Auch

Erwachsene kommen in den gemütlichen Appartements, im Aufenthaltsraum mit Spiel-und Leseecke und auf der großen Liegewiese auf ihre Kosten. Im Sommer gibt es die Familienwochen, die ein gratis Rahmenprogramm für die ganze Familie bieten. Der Stecherhof liegt in sonniger und ruhiger Lage am Haider See und am Waldrand. Einmalig ist der Blick auf das Ortlermassiv, den Haidersee und in Richtung Reschenscheideck.

Was es sonst noch gibt

Am Haider See gibt es nicht nur die edlen Renken zum Fischen, es ist sogar möglich, per Boot eine Runde zu machen. Der Grauner Kirchturm hingegen, der geisterhaft aus dem gefluteten Reschensee ragt, weckt Gefühle in uns, die sich zwischen Staunen und Schauder bewegen. Das Reschenscheideck, die Wasserscheide zwischen Inn- und Etschtal, ist eine besonders interessante Gegend, in der drei Staatsverbände und drei Kulturen direkt aneinandergrenzen: Italien, Schweiz und Österreich. Im Schweizerischen Graubünden wird „rumantsch", also Ladinisch, im österreichischen Inntal Deutsch gesprochen und im Vinschgau, der ja zu Italien gehört, sind das Deutsche wie das Italienische gesetzliche Landessprachen. Diese positive Spannung einer alten Kulturgegend wird einem erst so richtig bewusst, wenn man die romanischen Kunstdenkmäler im Oberen Vinschgau besucht. Spannung und Entspannung gehören zu einem guten Urlaub und beides kann man bei einem Aufenthalt im Stecherhof reichlich genießen.

Anfahrt

Von Meran über die Vinschgauer Staatsstraße, ab Spondinig über Schlanders und Mals zum Haider See. An dessen Ostseite im Ortsteil Fischerhäuser zum Haus Nr. 82 (ca. 66 km).
Vom Reschenpass auf der Reschen Bundesstraße bis St. Valentin. Nach ca. 1 km liegt links der Stecherhof.

URLAUB AUF DEM BAUERNHOF

HOF AM SCHLOSS   LICHTENBERG

KONTAKT

Familie Wallnöfer

Schlossweg
I-39026 Lichtenberg
Prad am Stilfserjoch
Tel. +39 0473 617123
info@hof-am-schloss.com
www.hof-am-schloss.com

Öffnungszeiten
ganzjährig

Ausstattung
4 Ferienwohnungen

Hofeigene Produkte
Milch, Eier, Marmeladen, Honig,
Speck, Kaminwurzen, Salami,
Bündnerfleisch, Gemüse und Obst
nach Saison, Fruchtsäfte, Almkäse

Spezialisierung
Urlaub auf dem familienfreundlichen
Bauernhof

Ein Kinderparadies in den Bergen

Sich frei bewegen können, auf Entdeckungsreise gehen, Erholung für Kinder und Eltern – all das bietet Hof am Schloss in Lichtenberg. Der Hof ist ideal für Familien mit Kindern, die sich am ganzen Hof ungezwungen bewegen können. Im Streichelgehege des Hofes vergeht bei den Hasen und Meerschweinchen so manche Stunde. Am Hof können Kälbchen gefüttert und Hühner gefangen werden und man kann sogar auf dem Pony reiten; jeder findet hier sein Lieblingstier.

Der Blick auf das Schloss Lichtenberg, auf die gegenüber liegende Churburg in Schluderns und auf den Tartscher Bühel ist es schon wert, sich beim Hof am Schloss niederzulassen.

Neu errichtete, komfortable Appartements bieten die ideale Oase der Erholung: Für die Kleinen ist ebenfalls gesorgt: Gitterbett, Hochstuhl, Kindergarderobe und Kinderbesteck...alles vorhanden. Im Bauernhof gibt es Familienspiele, Bücher und ein Kinderzimmer mit Kuschelecke. Ein verkehrssicherer Spielplatz und ein Gartengrill, beides mit Blick auf Schloss Lichtenberg, garantieren für totale Zufriedenheit. Gruppen, Familien, aber auch Seniorenpaare kehren gerne ein bei der Familie Wallnöfer mit den 4 Kindern Tobias, Lukas, Stefanie und Theresa, die für ihre Gäste einen eigenen Begrüßungsspruch bereithalten: „Sonne bei uns auf dem Hof – Sonne für Euch im Herzen!" Die Familie Wallnöfer ist auch mit hofeigenen Produkten gut gerüstet, die vom Bauernspeck, Kaminwurzen über Salami und Käse zu Marmeladen und Gelees reichen.

URLAUB AUF DEM BAUERNHOF

Was es sonst noch gibt
In der Churburg in Schluderns kann man die größte private Rüstungssammlung Europas bewundern. Der Nationalpark Stilfser Joch lockt mit seinen interessanten Häusern wie Aquaprad, Naturatrafoi und Culturamartell. Glurns, das mittelalterliche Schmuckstück unter Europas Kleinstädten, liegt vor der Haustür.

Anfahrt
Von Meran auf der Vinschgauer Staatsstraße über Schlanders nach Spondinig (ca. 47 km). Hier links Richtung Prad. Nach ca. 2,5 km im Ort am Kreuzweg nach rechts und ca. 3 km bis Lichtenberg.
Vom Reschenpass kommend Richtung Mals und Glurns. Durch das Städtchen Glurns fahren und am Ende nach links abbiegen. Nach 3 km kommt Lichtenberg. Im Dorf angekommen immer dem Schild „Hof am Schloss" folgen.

BIO-REITERHOF VILL   SCHLANDERS

KONTAKT

Anna und Erich Vill

Mühlgasse 13
I-39028 Schlanders
Tel. +39 0473 621267
info@vill.it
www.vill.it

Öffnungszeiten
ganzjährig

Ausstattung
4 Ferienwohnungen

Hofeigene Produkte
Demeter-Apfelsaft und Äpfel,
Wein, Bergkäse, Speck, Honig

Pferde, Berge, Sonnenschein

Im herrlichen Vinschgau, inmitten der Südtiroler Berge, wartet ein kleines Paradies auf den Naturfreund. Auf dem Reiter- und Bio-Bauernhof können ganze Familien komfortabel wohnen. Pferdenarren können bei geprüften FN-Trainerinnen Reitstunden buchen oder sich auf dem Pferderücken durch die Natur tragen lassen. Individuell und mit viel Freude wird vermittelt, welche Bedürfnisse ein Pferd hat, wie es artgerecht versorgt wird und was der Reiter machen muss, damit das Pferd auch in die Richtung läuft, für die er sich entschieden hat. Nichtreiter kommen auch auf ihre Kosten, da unzählige Wanderwege sowie Motorrad- und Radstrecken zu Tagestouren einladen. Auf Wunsch erfahren Sie während einer Kutschenfahrt Wissenswertes rund um den biologisch-dynamischen Obstanbau.

Weiße Gebäude mit viel Holz, hofeigene Stallungen, geräumige Scheunen, ein farbenfroher Bauerngarten, Hühner, Katzen und das fröhliche Wiehern von Pferden - dies alles gehört zum Bio-Reiterhof Vill in Schlanders, dem Hauptort des Vinschgaus. Als eines der ältesten Bauwerke in Schlanders, dessen Ursprünge über 1000 Jahre zurückreichen, ist der Bio-Reiterhof Vill seit Generationen im Familienbesitz. Der ca. 6 ha große, familiär geführte Bauernhof wird seit 1989 biologisch-dynamisch bewirtschaftet und hat somit eine Vorreiterrolle im biologischen Obstbau. Demeter-Produkte höchster Qualität werden hier angebaut, das Hauptprodukt sind köstlich-knackige Äpfel. Gemüseanbau und Viehwirtschaft für die Selbstversorgung und den Ab-Hof-Verkauf runden die bäuerlichen Aktivitäten ab. Ein weiteres Standbein des Bio-Reiterhofs Vill sind seine Pferde, die für qualifizierten Reitunterricht, Ausritte und Kutschenfahrten eingesetzt werden.

Was es sonst noch gibt
Ein malerischer Dorfkern mit einer neu gestalteten Fußgängerzone, elegante Läden, urige Bauerngasthöfe und gemütliche Cafés vermitteln Schlanders, dem Einkaufszentrum der Region, ein dörfliches, aber zugleich modernes Flair. Das trockene Klima mit vielen Sonnentagen wird von Urlaubsgästen wie Einheimischen gleichermaßen geschätzt. Abwechslungsreich ist die Natur an den Berghängen der Umgebung: Schattige Wälder, sattgrüne Wiesen, fruchtbare Weinberge und sanfte Kastanienhaine prägen ein faszinierendes Landschaftsbild.

Anfahrt
Von Meran auf der Vinschgauer Staatsstraße nach Schlanders (33 km) bis zum Kreisverkehr, an dem rechts der Holzbruggweg abgeht. Weiter in die Kapuzinergasse (links) und in die Mühlgasse (rechts, ca. 0,2 km).

URLAUB AUF DEM BAUERNHOF

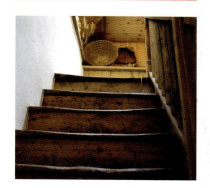

DRAXLHOF   TARSCH/LATSCH

KONTAKT

Familie Alois Hanni

St.-Medardus-Straße 40
I-39021 Tarsch/Latsch
Tel. +39 0473 623468
info@draxlhof.it
www.draxlhof.it

Öffnungszeiten
ganzjährig

Ausstattung
4 Ferienwohnungen

Hofeigene Produkte
Marmeladen und Säfte

Gemütlicher Urlaub am Waldesrand

Der Obstbauerhof der Familie Hanni ist der ideale Ort für Menschen mit Liebe zum Besonderen. Abseits von Stress und Alltag findet man Ruhe und Gemütlichkeit am herzlich und familiär bewirtschafteten Bauernhof. Am Ortsrand von Tarsch, nahe am Wald, haben die Hannis 300 m von der Hofstelle entfernt ein neues Ferienhäuschen erbaut und 2006 für ihre Gäste eröffnet. Dort finden drei mit Qualitätsmöbeln und viel Liebe zum Detail eingerichtete Ferienwohnungen auf 3 Etagen ihren Platz.
Auf 830 m Meereshöhe gelegen und abseits vom Verkehr ist der Draxlhof ein idealer Ausgangspunkt für viele schöne Wanderungen. Erholungssuchende, Sportler und Kulturinteressierte kommen ebenfalls auf ihre Kosten. Die ungezwungene, familiäre und entspannte Atmosphäre

sorgt für einen wohltuenden Ferienaufenthalt. Hinter dem Bauernhaus gibt es eine große Liegewiese mit Kirsch-, Apfel- und Pfirsichbäumen, von denen gerne genascht werden darf. In der Gartenlaube, der Hängematte oder den Sonnenliegen kann man die Seele baumeln lassen und die Kinder auf der Schaukel beobachten. Im Garten, der für die Gäste frei zugänglich ist, findet man frische Kräuter für eine schmackhafte Urlaubsküche.

Gerne verwöhnt Familie Hanni ihre Gäste auch zum Frühstück mit Eiern von glücklichen Hühnern, selbstgemachten Köstlichkeiten wie Marmeladen oder Säften sowie Obst und Gemüse frisch vom Garten.

URLAUB AUF DEM BAUERNHOF

Was es sonst noch gibt

Das kleine Dorf Tarsch liegt in einer bezaubernden Umgebung inmitten von Apfelplantagen. In nur fünf Autominuten erreicht man das Wanderparadies Tarscher Alm, welches zu schönen Wanderungen, ausgedehnten Berg- oder anspruchsvollen Mountainbiketouren entlang des Vinschgauer Nördersberg einlädt. Einen Kontrast zum üppig grünen Nördersberg bildet der kargere Sonnenberg, welcher vor allem im Frühjahr und Herbst wegen der wärmeren Temperaturen schöne Ausflüge ermöglicht. Der ideale Ausgangspunkt dazu ist die neue Seilbahn nach St. Martin im Kofel, denn sie bringt ihre Besucher in wenigen Minuten auf 1.740 m Meereshöhe, von wo aus man einen traumhaften Ausblick über den Vinschgau genießen kann. Am besten man lässt sich am Draxlhof nieder, der Rest ergibt sich wie von selbst.

Anfahrt

Von Meran auf der Vinschgauer Staatsstraße bis Latsch (27 km), am Kreisel die 2. Ausfahrt nehmen und ca. 1 km bis ins Zentrum von Latsch fahren. Hier links in die Marktstraße abbiegen und dem Straßenverlauf nach Tarsch folgen.

Vom Reschenpass auf der Vinschgauer Staatstraße bis Latsch (30 km), rechts Richtung Zentrum von Latsch abbiegen. Im Zentrum rechts in die Marktstraße abbiegen und dem Straßenverlauf nach Tarsch folgen.

MARINUSHOF   KASTELBELL-TSCHARS

URLAUB AUF DEM BAUERNHOF

Familie Heiner und Sabrina Pohl

Alte Straße 9/B Marein
I-39020 Kastelbell-Tschars
Tel. +39 0473 624902
info@marinushof.it
www.marinushof.it

Öffnungszeiten
Ostern–Allerheiligen

Ausstattung
2 Ferienwohnungen

Hofeigene Produkte
Qualitätswein DOC, Edelbrände,
frisches Obst

Anfahrt
Von Meran auf der Vinschgauer
Staatsstraße bis Kastelbell (ca.
23,5 km). Hier links über die Etsch
in Richtung Marein bis zur Alten
Straße und auf dieser (rechts) zum
Hof (0,7 km).

Zwischen Burgen und Bergen

Auf dem Marinushof in Kastelbell ist Sabrina Pohl die Seele und Vater Heiner der Motor des Hofes, der Macher, der Techniker, kurzum der Bauer. Die Kinder Julia, Jakob und Johannes sind die strahlende Kinderfreude am Hof.Die komfortablen Ferienwohnungen vereinen modernes und zweckmäßiges Bauen mit Tradition und heimeliger Gemütlichkeit vereinen. Der Marinushof liegt in jener kleinen Gunstzone des Vinschgaus, wo Klima und Schiefergestein ein Terroir bilden, das besonders dem Blauburgunder und dem Ruländer (Pinot Gris) eine ganz eigene Duftnote verleiht. Gott Dionysos regiert am Marinushof auch über den Zauber der mit WM-Goldmedaillen ausgezeichneten Destillate, die dem Gaumen schmeicheln und die das Können und die Passion, die hinter so einem Edelbrand stecken, erahnen lassen. In den perfekt eingerichteten zwei Ferienwohnungen lässt sich wirklich Urlaub machen.

AUSSERLORETZHOF   LAAS

Qualitätsprodukte am Radweg

Die Destillierkunst besteht aus Versuchen und Versu-
chungen, aus Erfahrungen und Entscheidungen, die den
Erfolg bedingen. Der Einsatz guter Ausgangsmaterialien
ist das Um und Auf der heimischen Schnapsbrennerei. Der
Ausserloretzhof in Laas liegt direkt am Vinschger Radweg,
allemal ein guter Grund zum Einkehren ist die Verkostung
gekonnt destillierter Tröpfchen aus einheimischen, vollrei-
fen Früchten, ohne jeglichen Zusatz von Aromastoffen oder
Zucker.
Die Hofbrennerei nimmt alljährlich mit Erfolg an internationalen Verkostungen teil. Auf der „Destillata 2009"
war Günther Tappeiner erfolgreichster Teilnehmer aus
Südtirol (dreimal Gold, viermal Silber und zweimal Bronze).
Außerdem wurde seine Brennerei in den Kreis der zwölf
besten Destillerien des Wettbewerbs aufgenommen. Der
Ausserloretzhof bietet eine eigene Genusspalette mit seinen Naturprodukten, die dem Gaumen Freude macht und
die Natur des Menschen stärkt.

QUALITÄTSPRODUKTE VOM BAUERN

Familie Günther Anton Tappeiner

Schießstandweg 11
I-39023 Laas
Tel. +39 0473 626281
info@ausserloretzhof.it
www.ausserloretzhof.it

Produkte Roter Hahn
Verschiedene Destillate und Liköre

Anfahrt
Von Meran auf der Vinschgauer
Staatsstraße bis zur Ausfahrt Laas
(ca. 39,5 km) und weiter Richtung
Dorfzentrum. Durch die Schnei-
dergasse und jenseits der Etsch in
den Schießstandweg (ca. 1,2 km).

KANDLWAALHOF   LAAS

QUALITÄTSPRODUKTE VOM BAUERN

Familie Karl Johann Luggin

Unterwaalweg 10
I-39023 Laas
Tel. +39 0473 626627
Mobil +39 335 7042782
info@luggin.net
www.luggin.net

Produkte Roter Hahn
Trockenobst, verschiedene Kräu-
ter- und Fruchtessige

Weitere Qualitätsprodukte
Senf aus Früchten und Kräutern,
verschiedene Säfte

Anfahrt
Von Meran auf der Vinschgauer
Staatsstraße bis zur Ausfahrt Laas
(ca. 39,5 km) und weiter Richtung
Dorfzentrum bis zum Unterwaal-
weg und zum Hof (ca. 0,6 km).

Kostbarkeiten und Mostbarkeiten

„Weirouge", es handelt sich um die in Weihenstephan ent-
wickelte Apfel-Sorte, die nicht nur in der Schale, sondern
auch im Fruchtfleisch rot ist und durch seinen Vitamingehalt
für die Gewinnung von Säften besonders beliebt ist, deshalb das Kürzel Wei-rouge. Luggins Bio-Kandlwaalhof hat
für Südtirol die Vertriebslizenz für diese interessante Sorte,
kein Wunder, dass der Bauer sie selbst angepflanzt hat. Er
ist begeistert und vermag diese Begeisterung spontan wei-
terzugeben, vor allem durch die exzellenten Produkte, die
er entwickelt und vermarktet, die man zu auserlesenen Rari-
täten zählen kann, die sonst im großen Lebensmittelhandel
kaum aufzutreiben sind. So z. B. die Senfarten aus Marille
und Birne (Palabirne). Es gibt noch eine ganze Menge von
preisgekrönten „Kostbarkeiten und Mostbarkeiten", die
man am besten wohl selbst vor Ort entdecken sollte.

KRÄUTERSCHLÖSSL   GOLDRAIN/LATSCH

KONTAKT

Familie Urban Gluderer

Schanzenstraße 50
I-39021 Goldrain/Latsch
Tel. +39 0473 742367
Mobil +39 333 2005408
info@kraeutergold.it
www.kraeutergold.it

Produkte Roter Hahn
Kräutermischungen und Einzel-
kräuter; Gewürze und Gewürzmi-
schungen; Kräutersalz

Weitere Qualitätsprodukte
Wellness- und Kosmetikprodukte
auf Kräuterbasis

Südtiroler Kräutergold mit Liebesgarten

Seit sich der menschliche Geist mit Übernatürlichem be-
schäftigt, hat er sich immer elementaren Themen zuge-
wandt: dem Leben und der Liebe, der Gesundheit wie
der Schönheit und dem Liebeszauber. Tatsächlich ist jedes dieser Elemente in den Pflanzen enthalten. Es ist ja
schließlich gegen oder für alles ein Kräutlein gewachsen.
Davon ist die Großfamilie Gluderer felsenfest überzeugt
und zitiert Reinhold Messner: „Wer mit Begeisterung
dabei ist und beides mit vollem Einsatz tut, den „Spaß"
und die „Arbeit", wird Erfolg haben. Um neue Träume zu
verwirklichen, muss man den Mut haben, revolutionär zu
denken".
Ja, Begeisterung hat die Familie Gluderer genügend,
denn seit sie mit ihrer Arbeit im Jahr 2003 begonnen hat,

helfen drei Generationen, vom Großvater bis zum Enkel mit. Urban Gluderer, der „pater familias" ist der kreative Kopf, der Vordenker mit Visionen. Frau Annemarie hat außer Manager-Qualitäten auch die Verantwortung für Organisation und Finanzen. Wenn sie über ihre geliebten einheimischen und exotischen Kräuter und Gewürze spricht, kommt sie so ins Schwärmen, dass es einen sofort mitreißt. Großvater Karl ist zuständig für die Blütenernte und für das Abfüllen, während Großmutter Rosa – nomen est omen – für die Rosenernte sorgt und als Köchin für das leibliche Wohl; und die Kinder: Manuel versteht sich auf den Vertrieb, Marion besorgt die Graphik und den öffentlichen Auftritt und Michael ist der Bienenmichl …
Produziert wird mit viel Fleiß und Liebe, alles händisch gepflückt und auf verschiedenen Linien vermarktet. Kosmetik-, Wellness-, Kräuterprodukte, „Messner Mountain Moments" und schließlich die Parfüm-Linie „Messner Mountain Magic" sind im Kräuterschlössl, im Fachhandel oder Internetshop zu erstehen. Die Top-Neuheiten des Kräuterschlössls: Fruchthonig, Rotweinsalz, Blütensalz und Kräuternudel. Plima ist der Gebirgsbach des Martelltales und der Namen für die neue Bio-Kosmetiklinie „Plima-Südtirol". Juwel des Kräuterschlössls sind die Gärten mit über 200 Heil- und Gewürzpflanzen und sogar einer Terrasse mit einem echten Liebesgarten. Ob da wohl auch ein Liebestränklein kredenzt wird?

Was es sonst noch gibt

Im nahen Schloss Juval (12 km) sind alte Mauern sind instand gesetzt, im Innern ist ein Museum zu den Themen „Heilige Berge", „Mythos Berg" und „Tibetika". Und der nahe Schlosswirt bietet hofeigene Produkte und Eigenbauwein.

Anfahrt

Von Meran auf der Vinschgauer Staatsstraße nach Goldrain (22 km). An der Schlossstraße links, über die Etsch und auf der Schanzenstraße ca. 0,6 km weiter bis zum Kräuterschlössl.

QUALITÄTSPRODUKTE VOM BAUERN

SCHGUMSER STÜBELE LAAS

KONTAKT

Familie Irene Spechtenhauser

Schgums 11
I-39023 Laas
Tel. +39 0473 626021

Öffnungszeiten
ganzjährig;
Do–Fr ab 17 Uhr; Sa–So ab 10 Uhr;
Mo–Mi Ruhetag

Für warme Speisen Vorbestellung
erwünscht.

Symphonie für den Gaumen

Die klugen und kreativen Herrschaften vom „Roten Hahn"
sind nie um ein gutes Stichwort verlegen, wenn es darum
geht, den Menschen bäuerliche Lebensart und bäuerliche
Kunst näher zu bringen. Denn Genuss und Lebensfreude
binden Menschen emotional an ein Land, an eine Gegend, an ein Haus, an einzelne Personen. Auf der Internet-
seite Roter Hahn ist die Rede von „einer Minute Bauernhof" und ein gewinnender Videoclip läuft ab; sehr schön,
aber nur das Auge und das Ohr haben etwas davon. Ganz
eine andere Erlebniswelt tut sich auf, wenn wir mal beim
Schgumser Stübele bei der Frau Irene einkehren. Da geht
ein Feuerwerk der Sinne ab. Wie eine rot-weiß-rote Flagge
weht der Speck über den Gaumen, der Almkäse gibt den
Duft der Berge frei, knackiges Tischgemüse ist Musik für

die Zähne. So eine Tiroler Brettljause mit echtem Fraueler oder einem herben Vinschger Vernatsch lässt jedes Herz höher schlagen. Und wenn erst aufgekocht wird, dann mischen sich die Düfte von Lamm- und Kitzbraten, Rindsbraten und Schlachtplatten je nach Jahreszeit mit den würzigfeinen Aromen von Speckknödel und Kaiserschmarrn, Käseröllchen und Apfelstrudel zu einer kulinarischen Symphonie, so dass man gerade Lust bekäme, den römischen Feinschmecker Lucullus zum Tisch einzuladen.

Aber abgesehen von der kulinarischen Schwärmerei: Kaum ein Südtiroler Hofschank bietet mehr Produkte vom eigenen Hof als das „Schgumser Stübele". Der Gemüseacker, die Streuobstwiese und die am Hof lebenden Schafe, Rinder, Schweine und Hühner sind Garant für die unvergleichliche Frische der am Hof zubereiteten Speisen. Ruhig gelegen, nahe dem Vinschger Fahrradweg, ist das „Schgumser Stübele" der ideale Ort, wenn Sie im einfachen, urtypischen Ambiente wahre Gaumenfreuden erleben möchten. Na dann, guten Appetit!

Was es sonst noch gibt

Der obere Vinschgau, in dem Laas liegt, gehört zu den faszinierendsten Regionen der Alpen. Man sollte sie sich etwas näher ansehen, auf einem kleinen Ausflug nach Glurns etwa (ca. 15 km). Am besten beschrieben ist der Ort wohl als ein Bauerndorf im Gewand einer Stadt, vollständig von einer Mauer umschlossen, mit Laubengängen, die man hier nicht erwarten würde. Alles ist vorbildlich restauriert, doch überall regiert der Alltag – die Tradition ist hier lebendig, nicht museal konserviert.

Anfahrt

Von Meran auf der Vinschgauer Staatsstraße bis zur Ausfahrt Laas (ca. 39,5 km) und weiter Richtung Dorfzentrum, dann über die 3 km geradeaus.

BÄUERLICHE SCHANKBETRIEBE

NIEDERMAIR   KASTELBELL-TSCHARS

BÄUERLICHE SCHANKBETRIEBE

Familie Ernst Kaserer

Trumsberg 4
I-39020 Kastelbell-Tschars
Tel. +39 0473 624091
Mobil +39 349 2593055

Öffnungszeiten
01.04.–20.12. (kein Ruhetag)
15.06.–20.08. (So Ruhetag)

Abends Vorbestellung erwünscht

Anfahrt
Von Meran auf der Vinschgauer Staatsstraße bis Latsch (ca.
27 km) und dort zur Seilbahn nach
St. Martin im Kofel. Auffahrt zur
Bergstation und auf Weg Nr. 2
und Nr. 8 Richtung Trumsberg (ca.
1,5 Std.). (Von Kastelbell, Latsch
oder Tschars aus auf Weg Nr. 3
und Nr. 8 in ca. 2 Std. zum Hof).

Blick in den Vinschgau

Hoch über Kastelbell am Trumsberg ragt der Niedermair-
hof empor. Von der Sonnenterrasse aus genießt man den
unvergesslichen Ausblick ins Ober- und ins Untervinsch-
gau sowie ins Martelltal. Eine getäfelte Bauernstube lädt
zudem zu gemütlichen Stunden ein. Familie Kaserer wartet
mit hofeigenen Produkten auf: Speckknödelsuppe, Leber-
knödelsuppe, hausgemachte Backerbsensuppe, Vinschger
Brotsuppe, „Schöpsernes" (Lammbraten), Rindsbraten,
Hauswurst, Spiegeleier mit Röstkartoffeln, Salate je nach Saison, Speck, Käse, Kaminwurzen, getrocknetes Rindfleisch,
dazu hausgemachtes Brot sowie Kaiserschmarrn und Omelettes, hausgemachte Krapfen, Gipfelen und Apfelstrudel.
Säfte: Johannisbeersaft, Holundersaft, Pflaumensaft, Him-
beersaft. Das ganze Jahr über eine eigene Faszination: ver-
lockende Traumlandschaft aus Millionen von Blüten, voller
Frühlingsduft, eine Verführung zum Wandern auf den Waal-
wegen und zum Schloss Juval des Reinhold Messner.

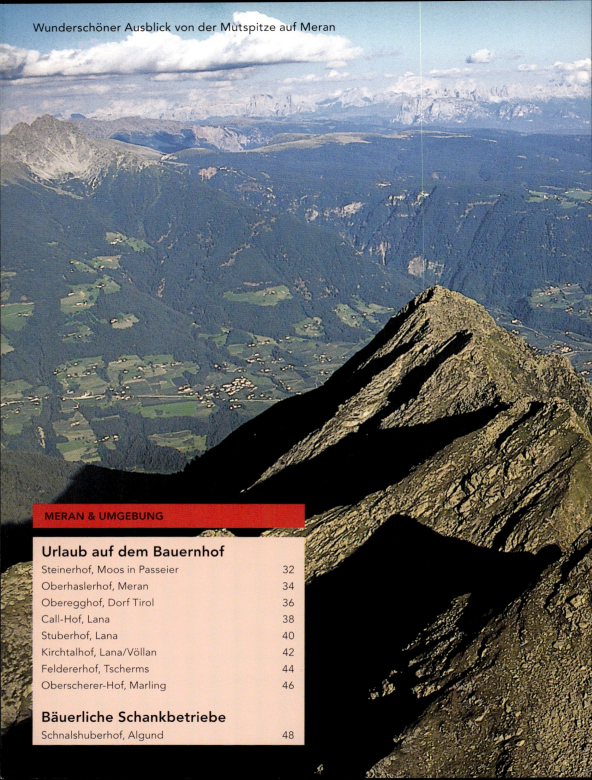

Wunderschöner Ausblick von der Mutspitze auf Meran

STEINERHOF   MOOS IN PASSEIER

KONTAKT

Familie Alberich und Evamaria Hofer

Pfelders 10/d
I-39013 Moos in Passeier
Tel. +39 0473 646741
info@steinerhof.eu
www.steinerhof.eu

Öffnungszeiten
ganzjährig

Ausstattung
3 Ferienwohnungen

Hofeigene Produkte
Milch und Marmelade

Spezialisierung
Urlaub auf dem Reiterbauernhof

Auf dem Rücken der Pferde
alles Glück dieser Erde

Reiterferien auf dem Bauernhof Steinerhof! Auf dem Rücken blonder Pferde – über Ihnen der blaue Himmel, unter Ihnen ein buntes Farbenmeer. Und neben Ihnen der Reitlehrer. Ob Anlernstunden in der Koppel oder Reitstunden in der Umgebung, ob Halbtages- oder Tagesritte, ob romantische Schlittenfahrten im Winter oder bezaubernde Kutschenfahrten im Sommer, beim Steinerhof kommt jeder Pferde- und Bauernhof-Liebhaber auf seine Kosten. Im idyllisch-romantischen Bergdörflein Pfelders am Ende des Passeiertales liegt auf 1600 m der neu errichtete Steinerhof. Auf dem Steinerhof gibt es Entspannung, Erholung und Ruhe pur! Im Winter liegt der Steinerhof direkt an den Skipisten und den anderen Wintersportangeboten. Insgesamt zehn bestens geschulte Haflinger-Pferde bieten romantische Pferdeschlittenfahrten ins verschneite Lazinser Tal. Beim beliebten Winterreiten auf dem Rücken der treuen Haflinger kann man den Naturpark Texelgruppe im Winterkleid erleben!

Das Erlebnis Bauernhof beginnt schon mit dem Aufstehen. Wer Lust hat, kann dem Bauern Alberich beim Melken zu sehen und sich an der kuhwarmen Milch laben – ein Hochgenuss. Mit Hasen, Hühnern und Schmusekätzchen kann man genau so Freude haben wie mit selbst gepflückten Gewürzkräutern oder knackigen Salaten aus dem hofeigenen Garten. Der Alltag bleibt zu Hause, denn hier ist die richtige Adresse zum Wohlfühlen, um Ruhe zu genießen und Natur zu erleben. Der Hof ist nur drei Gehminuten vom Dorf entfernt. Die gemütlichen Ferienwohnungen laden sowohl im Sommer als auch im Winter zu einem unvergesslichen Urlaub ein!

Was es sonst noch gibt

Die Gegend zwischen dem Passeier- und dem Wipptal gehört zu den traditionellen Bergbaugebieten des Landes. Von hier wurde die Haller Münze versorgt, hier lag einer der Grundsteine des Reichtums der Fugger, hier förderte man jahrhundertelang Kupfer. All das ist Vergangenheit. Doch im Bergbaumuseum am Schneeberg wird sie wieder lebendig: bei Führungen und auf dem Erlebnispfad. Zu erreichen ist dieses interessante Ziel von der Timmelsjochstraße in weniger als zwei Stunden zu Fuß.

Anfahrt

Von Meran auf der Passeirer Staatsstraße nach St. Leonhard (ca. 20 km) und weiter über Platt nach Pfelders (ca. 17 km), durch den Weiler hindurch, nach ca. 0,5 km scharf links und 0,5 km zum Hof.

URLAUB AUF DEM BAUERNHOF

OBERHASLERHOF   MERAN

KONTAKT

Familie Nikolaus Weger

Naifweg 7
I-39012 Meran
Tel. +39 0473 212396
Mobil +39 339 8744427
info@oberhaslerhof.com
www.oberhaslerhof.com

Öffnungszeiten
ganzjährig

Ausstattung
3 Ferienwohnungen

Hofeigene Produkte
Äpfel, Obst nach Saison, Eier,
Wein, Gemüse, Kräuter, Säfte,
Marmeladen, Dörrobst, Nüsse,
Hausbrot

Wo Pfarrer Kneipp Pate steht

Der Oberhaslerhof gehört zu den ältesten Höfen von
Schenna und ist seit 1592 in Familienbesitz. Der Hof liegt
inmitten von eigenen Obst- und Weingärten mit herrlicher
Aussicht ins Tal. Auf dem Obst- und Weingut befinden sich
3 großzügige lichtdurchflutete Ferienwohnungen, die im
rustikalen Landhausstil eingerichtet sind. So wie es sich
für einen richtigen Bauernhof gehört, gibt es auch Tiere
...Hennen, Hund und Katzen warten nur darauf gestrei-
chelt und geknuddelt zu werden.
Dazu kommen noch die hofeigenen Kräutlein, für deren
Anwendung ja der Pfarrer Kneipp Weltruhm erreicht hat.
Über 100 verschiedene Kräuter sowie vergessene Gemüsesorten wie Gartenmelde, Gemüsemalve und Erdkirsche
wachsen im alten Bauerngarten des Hofes. Der Urlauber

kann am Hof sein neues Heilgeheimnis entdecken und mit nach Hause nehmen. Verschiedene Wasseranwendungen wie Güsse, Wickel, Fuß- und Armbäder nach Pfarrer Kneipp stärken die Gesundheit.

Der Hof ist aber auch ein wahres Apfelparadies. Hier scheint an 300 Tagen die Sonne, hier gedeihen die besten Früchte. Die Äpfel stammen ausschließlich aus integriertem Anbau. Die Philosophie des integrierten Anbaus ist „Zurück zur Natur". Heute stehen auf dem Oberhaslerhof ca. 30.000 Apfelbäume. Die wichtigsten Apfelsorten des Hofes sind: Golden Delicious, Roter Delicious, Gala, Fuji, Breaburn, sowie viele alte Sorten zum Hausgebrauch.

Was es sonst noch gibt
Nur etwa 4 Kilometer von Schenna entfernt lockt eine der größten Attraktionen Südtirols: Schloss Trauttmansdorff, einst Feriendomizil der österreichischen Kaiserin („Sissi"), heute von einem botanischen Garten umgeben, den man einzigartig nennen muss: 83 Gartenlandschaften, 5800 Pflanzenarten und -sorten, 700.000 Pflanzen auf einer Fläche von 12 Hektar. Und für Kinder sind Erlebnisstationen eingerichtet – das macht diese Anlage auch für einen Familienausflug zur guten Wahl.

Anfahrt
Von Meran auf der Cavourstraße (anfangs SS 44) bis zum Brunnenplatz, dann auf der Schennastraße weiter, bis nach ca. 3 km die Alte Straße scharf links abzweigt. Von hier wenige Meter zum Hof.

URLAUB AUF DEM BAUERNHOF

OBEREGGHOF   DORF TIROL

KONTAKT

Familie Gerhard und Brigitte Laimer

Muthöfeweg 2
I-39019 Dorf Tirol
Tel. +39 0473 229954
Mobil +39 335 1308797
info@oberegghof.it
www.oberegghof.it

Öffnungszeiten
ganzjährig

Ausstattung
4 Ferienwohnungen und
1 Doppelzimmer

Hofeigene Produkte
Milch, Speck, Kräuter, Gemüse,
Eier, Obst

„ban Lipp": Leben im Naturpark

Der Oberegghof wurde 2006 von Gerhard und Brigitte Laimer abgebrochen und an Ort und Stelle neu errichtet und für Urlaub auf dem Bauernhof umstrukturiert. Ende 2007 wurden die Arbeiten abgeschlossen. Das Ergebnis kann sich sehen lassen. Bearbeitet werden Hof und Feld von Gerhard und Brigitte; ihre zwei Kinder, Maria geht noch zur Schule und Lisa in den Kindergarten, spielen gerne auch mit den Kindern der Gäste. Die Ruhe kann man hier in vollen Zügen genießen. Wenn man aufsteht und weit unter sich das Meraner Becken und das Etschtal sieht, sind die Sorgen und lästigen Gedanken wie weggeblasen, denn es kommt einem das Dichterwort eines alten Volksliedes in den Sinn. „Wos die Lait unten reden, isch es halbe net wahr!" Die Ferienwohnungen sind schlicht und modern eingerichtet, in Fichte, Altholz und Nuss gehalten. Jede Wohneinheit besitzt einen separaten Eingang von außen und einen Zugang zu Terrasse oder Balkon. Kinder finden einen Spielplatz mit verschiedenen Geräten und einem Sandkasten. Der Streichelzoo reicht von Kühen über Schafe bis zu Hühnern, Katzen und einen Hund – eine Farm der Tiere für Klein und Groß. Kinder haben ja die universelle Gabe, aus jedem Ding ein Spielzeug und aus jedem Ort einen Spielplatz zu machen. Natürlich können die Gäste im Stall und bei der Fütterung der Tiere dabei sein, um alles genau kennen zu lernen. Der große Garten mit verschiedenen Gemüsearten und Kräutern ist der Stolz der Bäuerin. Grillabende und geführte Wanderungen dürfen nicht fehlen. Beim Kochen werden die hofeigenen Produkte verwendet. Für die Gäste gibt es täglich frische Milch und eigene Eier zum Frühstück, wie auch selbst gemachte Fruchtaufstriche. Eigener Käse und Speck dürfen bei einer zünftigen Bauernmarende nicht fehlen.

Was es sonst noch gibt

Am Ortsrand von Tirol stand einst die „Wiege des Landes", vom mächtigen Schloss aus haben die Tiroler Grafen im Hochmittelalter ihr Herrschaftsgebiet geeint und kontrolliert. Geblieben ist von der einstigen Macht nur noch das imposante Schloss, von dem aus man den wohl schönsten Blick über Meran und das Burggrafenamt genießt. Heute beherbergen die Mauern neben kunsthistorischen Kostbarkeiten von höchstem Rang das Landesmuseum für Kultur- und Landesgeschichte.

Anfahrt

Von Meran auf der Passeirer Staatsstraße Richtung Jaufenpass bis zur Abzweigung nach Dorf Tirol. Durch den den Ort hindurch bis zum Tiroler Kreuz (ca. 6,5 km) und weiter auf der Muter Straße zum Hof (Naturstraße, ca. 2,8 km).

URLAUB AUF DEM BAUERNHOF

CALL-HOF   LANA

KONTAKT

Familie Bernhard u. Sieglinde Lösch

Kapuzinerstraße 14
I-39011 Lana (BZ)
Tel. +39 0473 550574
info@callhof.it, www.callhof.it

Öffnungszeiten
März–November und über Neujahr

Ausstattung
3 Ferienwohnungen

Hofeigene Produkte
biologisch: Apfelsaft, Fruchtauf-
strich, Kräuter, Obst und Gemüse
nach Saison

Spezialisierung
Urlaub auf dem Biobauernhof

Urlaub am Bio-Obsthof

Nach 20 Jahren Erfahrung mit integriertem Anbau hat
sich der Call-Hof im Jahre 2000 auf die ökologische Wirtschaftsweise umgestellt. Das bedeutet kompletten Ver-
zicht auf chemische Dünge- und Pflanzenschutzmittel, damit das ökologische Gleichgewicht am Hof stabil bleibt.
Ein Ergebnis dieser Wirtschaftsweise ist auch die Kräuter-
spirale, diese bringt Würze in die Urlaubsküche. Im Garten
wachsen Tafeltrauben, es gedeihen Kirschen-, Zwetsch-
gen- und Pfirsichbäume, woraus im Sommer leckere Konfitüren und Aufstriche gewonnen werden. Die ganze Produktion wird nach „Bioland" Richtlinien erzeugt. Auch die
drei modernen Ferienwohnungen, die sich neben dem
traditionellen Haupthaus in einem neuen, interessanten
Gebäude befinden, sind nach baubiologischen Richtli-

nien ausgestattet. Hell, geräumig, mit viel Holz und in verschiedenen Farben sind sie gemütliche Stützpunkte für Ausflüge und Ausblicke: Von der Sonnenterrasse schweift der Blick über einen Teil der Weinreben und Apfelbäume. Sieglinde und Bernhard Lösch mit ihren Kindern Katharina und Magdalena betreuen und umsorgen ihre Gäste im Haus, das auch nur wenige Gehminuten vom Dorfkern entfernt liegt.

Am Call-Hof können sich die Kinder unter Bäumen tummeln und sich austoben, richtig Kind sein und den überschäumenden Energien freien Lauf lassen. Man ist auch mobil, wenn man das Auto stehen lassen will. In unmittelbarer Nähe ist die Bus-Haltestelle und in der Umgebung sind Restaurants und Gasthäuser leicht erreichbar. Im Zweifelsfalle weiß Familie Lösch für jede Gelegenheit einen guten Tipp.

Was es sonst noch gibt

Was Urlaubsaktivitäten betrifft, kann man, wenn man nicht gerade das Essen und das „dolce far niente", das süße Faulenzen, in vollen Zügen genießt, sich einfach Wandervorschläge holen oder von den unzähligen Infrastrukturen in Lana und Meran Gebrauch machen; das geht dann vom Golfplatz bis zu den Thermen, von Trauttmansdorff bis zum Tiroler Stammschloss. Neu ist der Kindersommer in Lana vom 1. Juli bis 30. August oder das Schienenrodeln, eine abenteuerliche, doch sichere Sportbetätigung auf Meran 2000.

Anfahrt

Von Meran nach Oberlana, über die Falschauer und am Kreisverkehr geradeaus weiter (Maria-Hilf-Straße), bis links die Andreas-Hofer-Straße abzweigt. Hier geradeaus (Kapuzinerstraße) zum Hof (ca. 9 km).

URLAUB AUF DEM BAUERNHOF

STUBERHOF

LANA

KONTAKT

Familie Margarita und Josef Klotz

Pawigl 12
I-39011 Lana
Tel. +39 0473 563257
Mobil +39 389 2723758
www.stuberhof.it

Öffnungszeiten
ganzjährig

Ausstattung
2 Ferienwohnungen

Hofeigene Produkte
Milch, Eier, Salat

Die Kühe mit dem schönen „G'schaug"

Margarita und Josef Klotz führen den Hof mit Freude und Sachkenntnis. Er liegt in Pawigl unterhalb des Vigiljochs. Pawigl gehört zur Marktgemeinde Lana. Der Stuberhof liegt auf 1250 m Meereshöhe in einer sehr sonnigen, nach Süden gerichteten und ruhigen Lage mit herrlichem Ausblick ins Etschtal und auf die Dolomiten. Zum Hof gehören 35 ha Grund, davon sind 8 ha Grünland und 27 ha Wald. Es ist ein Viehbetrieb mit 15 Kühen und ein paar Jungrindern. Die Rinder gehören zur Grauviehrasse, welche heute wieder gefördert wird, weil sie rückläufig ist. Die Graue Kuh ist etwas kleiner und leichter, deshalb bewegt sie sich leicht im schwierigen Gelände der Berglandschaft. Sie ist gut in der Milchleistung, doch keine „Turbokuh" und etwas bescheidener im Fleisch im Verhältnis zu den reinen Mastrindern. Die anderen Rassen sind von der Milchleistung also besser, aber die Grauviehrasse passt sich besser an, ist nicht so krankheitsanfällig und wird im Durchschnitt älter. Die Freunde des Grauviehs finden es einfach „einheimisch" und schön. Man sagt der Graukuh auch das schönste „G'schaug" (Blick) nach. Kein Wunder, denn der Dichtervater Homer nannte die Schutzgöttin Pallas Athene „bouópes", die Kuhäugige, und das will schon was heißen. Der Stall des Stuberhofes beherbergt auch einen imposanten Genossenschaftsstier. Da werden die Rinder von Pawigl noch natürlich befruchtet und die Kühe haben nicht den traurigen Blick jener, die nur die Pipette des Tierarztes kennen. Da gibt es also nicht nur glückliche Hühner. Der Hof hat auch zwei fein ausgestattete Ferienwohnungen, wo man sich gemütlich einquartieren kann.

Was es sonst noch gibt

Wenn es um Ausflüge geht, stellt sich in Pawigl die Frage: hinunter oder hinauf? An heißen Tagen bietet ein Spaziergang in die romantische Gaulschlucht willkommene Erfrischung, auf dem teils künstlich angelegten Steig entlang der aus dem Ultental rauschenden Falschauer. Oben, auf dem Vigiljoch, das zu Fuß gut zu erreichen ist, dehnt sich die Sommerfrische der Meraner – ein weites Wandergebiet mit Gasthäusern, das von Lana aus übrigens auch durch eine der ältesten Seilbahnen der Welt erschlossen ist.

Anfahrt

Von Meran nach Lana und dort zur Abzweigung ins Ultental (8 km). Auf der Ultner Straße 5,2 km weiterfahren bis rechts der Weg nach Pawigl abzweigt. Auf diesem zum Hof (5 km).

URLAUB AUF DEM BAUERNHOF

KIRCHTALHOF   VÖLLAN/LANA

KONTAKT

Familie Sabina und Georg Frei

Brünnlerweg 5
I-39011 Völlan/Lana
Tel. +39 0473 564295
info@kirchtalhof.com
www.kirchtalhof.com

Öffnungszeiten
ganzjährig

Ausstattung
4 Ferienwohnungen

Hofeigene Produkte
Wein, Kräuter, Marmelade, Säfte,
Obst nach Saison

Spezialisierung
Urlaub auf dem familien-
freundlichen Bauernhof

Freiheit als Lebensgefühl

In Völlan ist der Kirchtalhof eine feine Adresse, wenn es darum geht, einen erholsamen Urlaub am Bauernhof zu erleben. Georg und Sabina Frei mit ihren beiden Buben Mattheus und Tobias führen den Hof mit Tatkraft, Energie und gastfreundlicher Umsicht. In ihrer Begleitung wirkt der schön und ruhig gelegene Hof besonders attraktiv. Das Gute und Köstliche, das auf dem fruchtbaren und von der Natur gesegneten Grund wächst und gedeiht, genießen zu können ist ein Urlaub der Sinne für sich. Zu jeder Jahreszeit gibt es einen Anlass, sich verwöhnen zu lassen. Ein Glas Wein in geselliger Runde, Apfel, Trauben, Gemüse und Kräuter vom Hof, im Herbst dann die gebratenen Kastanien … eine Symphonie natürlicher Finessen. Nicht nur für Kinder ist der Urlaub am Bauernhof ein Spielspaß ohne Ende. Im Spielzimmer erwarten Riesenlego und verschiedene Gesellschaftsspiele die kleinen und großen Urlauber. Im Freien gibt's Tischtennis und Tischfußball (Calcetto). Man kann sich aber auch beim „richtigen" Fußball austoben, über die Rutsche gleiten, schaukeln oder an der Kletterwand Reinhold Messner, den großen Kletterer, nachahmen. Der Kirchtalhof zeichnet sich ganz besonders durch seine Kinderfreundlichkeit aus. Von der Krabbel-, bis zur Zeichen- und Bastelecke ist alles schon vorhanden. Der Streichelzoo mit Ziegen, Hasen, Schafen und Katzen vermittelt den Kindern, und nicht nur denen, eine eigene, direkte Beziehung zu unseren Mitbewohnern, den Tieren, für die wir auch Verantwortung tragen.

Ein Urlaub am Kirchthalhof vermittelt ein Lebensgefühl von Freiheit, egal ob man sich in der Sauna stärkt oder bei einem guten Gläschen in der Stube, im Garten oder unter der Laube.

Was es sonst noch gibt

Oberhalb von Lana, etwa 3 Kilometer in Richtung Gampenpass, liegt Völlan. Umgeben von Wäldern und Obstanlagen liegt es schon auf angenehmer Sommerfrischhöhe. Durch seine Lage auf ca. 530 m eignet sich der Ferienort außer als Luftkurort besonders für Wanderungen und Mountainbike Touren, zu denen auch das nahe Ultental lockt.

Anfahrt

Von Meran nach Lana um dort beim zweiten Kreisverkehr zum Gampenpass (ca. 8,5 km) abzuzweigen. Nach ca.3 km rechts abbiegen und 700 m bis zum Brünnlerweg weiterfahren. Auf diesem nochmals 700 m zum Hof.

URLAUB AUF DEM BAUERNHOF

FELDERERHOF   TSCHERMS

Wo Denkmalpfleger heimisch sind

Hans und Priska Garber erstellten 2004 das neue Neben-
gebäude des geschichtsträchtigen Hofes. Diese Synthese
zwischen Vergangenheit, Gegenwart und Zukunft, wo die
Grenzen ja immer fließend sind, ist auf Anhieb gelungen.
Das ist auch nicht zu verwundern, denn seit 1651 befindet
sich der 1357 erstmals urkundlich erwähnte Hof im Besitz
der Familie Garber und scheint immer schon eine Anzie-
hungskraft auf Künstler und Forscher ausgeübt zu haben.
Ein Sprössling der Familie Garber ist der bekannte Priester,
Kunsthistoriker und Denkmalpfleger Josef Garber, der Ent-
decker der frühmittelalterlichen Fresken von St. Prokulus
in Naturns. St. Prokulus gehört zu den ältesten frühchrist-
lichen Kirchen Südtirols und bietet sich als Ausflugsziel
an. Garber (1883 in Tscherms geboren) wurde 1913 vom

Propst Josef Weingartner als Denkmalpfleger für Südtirol vorgeschlagen. Er übernahm mit Begeisterung seine neue Aufgabe und wurde somit der erste Denkmalpfleger von Südtirol. Renommierte Künstler wie Albin-Egger-Lienz, die Gebrüder Stolz und auch Ernst Nepo, der das Fresko im Erker gestaltete, waren mit Josef Garber eng befreundet und besuchten den Feldererhof oft und gerne.

Vor diesem kulturträchtigen Hintergrund ist es besonders interessant und Freude bringend, wenn man als Urlauber in den Komfort des 3. Jahrtausends verpflanzt wird. Die großzügigen Appartements mit herrlichem Ausblick ins Etschtal oder die große Terrasse bei einem Glas Eigenbauwein laden zum Verweilen ein. Am Schwimmbad in der Sonne liegen oder sich im Schatten kühlen Weinlaubes ausruhen. Im privaten Törggelekeller können sich die Hausgäste zu einer Weinverkostung niederlassen. Für einen Aktivurlaub sind die Gelegenheiten vom Wandern über das Radfahren, vom Skifahren bis zum Golfen alle zum Greifen nahe, fast vor der Haustüre.

Was es sonst noch gibt

Einen Gutteil ihres bemerkenswerten Erfolges verdanken die Südtiroler Obst- und Weinbauern ihren Vorfahren, die ein weitverzweigtes Netz von Bewässerungskanälen anlegten, die „Waale". Entlang dieser fast ebenen Kanäle ziehen sich die Wege zu ihrer Instandhaltung. Diese Waalwege sind längst bevorzugtes Terrain von Genusswanderern. Der längste dieser Wege, der Marlinger Waalweg, zieht sich 12 Kilometer von der Töll bis nach Lana, vorbei an Tscherms. Ein kurzer Spaziergang ab dem Hof und man hat die freie Wahl der Richtung …

Anfahrt

Von Meran über Marling nach Tscherms und dort rechts auf die Baslingerstraße abzweigen. Auf dieser 200 m weiter, dann nach rechts wenige Meter zum Feldererhof.

OBERSCHERER-HOF   MARLING

KONTAKT

Familie Mathias Lamprecht

Lebenbergstr. 3
I-39020 Marling
Tel. +39 0473 447256
Mobil +39 335 7043583
info@oberschererhof.it
www.oberschererhof.it

Öffnungszeiten
ganzjährig

Ausstattung
4 Ferienwohnungen

Hofeigene Produkte
Wein, Destillate, Obst, Säfte,
Marmeladen, Eier

Komm als Gast, geh als Freund!

„Komm als Gast, geh als Freund", diesen Wahlspruch hat sich die Familie Lamprecht ins Stammbuch geschrieben, als sie einst beschloss, am Oberscherer-Hof „Urlaub am Bauernhof" anzubieten. In der Tat, die Lamprechts schöpfen aus ihrer bäuerlichen Herkunft und Tradition jene herzhafte Gastfreundschaft, die sie kennzeichnet. Auch was die Baustruktur angeht, erfüllt der Hof mit seinen gepflegten Ferienwohnungen alle Voraussetzungen für einen erholsamen Urlaub. Der Hof an und für sich ist schon eine Urlaubsinsel. Nach einem feinen Frühstück im Schatten grüner Bäume relaxen, ein Glas Eigenbauwein genießen. Frei und unbeschwert sich von der Sonne küssen lassen, mit den Kindern am Spielplatz schaukeln. Nach ein paar Längen im Freibad kommt Appetit auf. Warum nicht was Leckeres zubereiten in der gut ausgestatteten Küche der Ferienwohnung? Im Garten steht ein Grill bereit, der ist schnell angeheizt und verbreitet jenen charakteristischen Duft, der die Geselligkeit fördert und zur Gemeinsamkeit mahnt. Eine ganze Reihe von angenehmen Überraschungen stehen dem Gast noch zur Verfügung: Schwimmbad, Liegewiese, Sonnenschirm, Sonnenliegen, Grillofen, Schaukeln, Kinderspielplatz, uriger Kellerraum; was will man noch mehr im Sinne der Urlaubsvollbeschäftigung?

Was es sonst noch gibt

Neben dem Oberscherer-Hof steht der Lahnerhof, der auch zur Familie Lamprecht gehört. Mathias und Seppl Lamprecht, die den Obst und Weinhof bewirtschaften und pflegen, betreiben am Lahnerhof eine Bauernbrennerei, die kostbare Edeldestillate und ganz feine Tröpfchen zu kredenzen versteht. In der Brennerei kann man an Führungen teilnehmen und auch die edlen Tropfen verkosten und erstehen. Außerdem gibt es einen großen Keller, der für Festlichkeiten wie Geburtstagsfeiern, Hochzeiten und Jubiläumsfeiern zur Verfügung gestellt wird. Mathias und Seppl Lamprecht verstehen was vom Wein und auch vom Schnapsbrennen und sind vor allem zwei traditionsbewusste Bauern, die aber ihre jugendliche Flexibilität beibehalten haben. In den historischen Gemäuern spürt man die Tradition und den Flair der Geschichte, aber vor allem die Begeisterung und Herzlichkeit beim Verkosten der hofeigenen Produkte.

Anfahrt

Von Meran nach Marling und weiter Richtung Tscherms auf der Gampenstraße. Nach der Burggräfler Kellerei zweigt rechts die Lebenbergerstraße ab; auf dieser ca. 800 m Richtung Schloss Lebenberg, Baslan, zum Oberscherer-Hof.

URLAUB AUF DEM BAUERNHOF

SCHNALSHUBERHOF   ALGUND

BÄUERLICHER SCHANKBETRIEB

Familie Pinggera

Oberplars 2
I-39022 Algund
Tel. +39 0473 447324
Mobil +39 335 5878822
schnalshuber@rolmail.net
www.schnalshuber.eu

Öffnungszeiten
ganzjährig
Anfang Februar bis Mitte Juli;
Anfang August bis Weihnachten
(Do–So ab 17 Uhr, Mo–Mi nach
Vereinbarung);
Vorbestellung erforderlich

Anfahrt
Von Meran Richtung Algund.
Weiter Richtung Oberplars, vor
dem Gasthof Wiedmair rechts abbiegen, nach 30 m erneut rechts,
dann links abbiegen. Der Weg ist
gut beschildert.

Origineller Buschenschank und Brennerei

Es zahlt sich aus, die kleine Mühe der topographischen
Orientierung auf sich zu nehmen, um den Schnalshuber-
hof zu finden, denn wenn man dann dort ist, merkt man
auf der Stelle, dass hier kreative Menschen am Werk sind.
Christian Pinggera bewirtschaftet den Hof nach ökologischen Richtlinien, produziert Äpfel und Weine, die sich
fürwahr nicht nur sehen lassen können ... Der Hof aus dem
Hochmittelalter ist gepflegt und sogar die Fresken und
die Sonnenuhr an den Fassaden sind gut restauriert. Das
Innenleben und den Gemüsegarten belebt Mutter Rosa:
ihr Ruf als exzellente Köchin ist schon weit über das Burggrafenamt hinausgedrungen. Die geräumige Tafelstube
ist ein zeitgeschichtliches Kuriosum: der Gast könnte beim
Anblick der Zeitungsausschnitte aus der k. u. k. Monar-
chie an den Täfelungen meinen, Christian Morgenstern,
Sigmund Freud oder Kaiserin Sissi kämen gerade bei der
Tür herein, um sich an einem der feinen Destillate des Bauern hochgeistig gütlich zu tun.

Die klassische Weingegend am Kalterer See

SÜDTIROLS SÜDEN

Urlaub auf dem Bauernhof

Qualitätsprodukte vom Bauern

Bäuerliche Schankbetriebe

FIECHTERHOF   SARNTAL

KONTAKT

Familie Albert und Elisabeth Felderer

Dick 12
I-39058 Sarntal
Tel. +39 0471 622683
www.fiechterhof.com
info@fiechterhof.com

Öffnungszeiten
ganzjährig

Ausstattung
2 Ferienwohnungen

Hofeigene Produkte
Milch und Eier

In alter und neuer Tradition

Die Familie Felderer führt den traditionsreichen Bauernhof, der schon 1288 urkundlich genannt wurde. Albert ist
der Bauer und er ist außer bei den landwirtschaftlichen
Diensten auch im örtlichen Heimatpflege- und Kultur-
verein engagiert. Er kann viel über Brauchtum und Kultur
des Sarntales berichten, ganz besonders weiß er über die
Baugeschichte des eigenen Hofes Bescheid. Und darüber
berichtet er auch gerne. Im Keller und im Erdgeschoss des
Bauernhauses sind einige bauhistorische Eigenheiten zu
finden, die auf eine Bauzeit um 1200–1300 schließen lassen.
Das Anwesen ist außerdem durch eine Reihe von Händen
gegangen. Seit 1881 ist die Liegenschaft im Eigentum der
Familie Felderer, seit der Vorfahre Josef Felderer, der aus
dem Pustertal stammte, den Hof von Peter Stuefer kaufte.

Josef junior übernahm dann den Hof und gestaltete 1892 im Keller des Kernhauses ein Bauerngasthaus. 1933 wurde etwa 400 Meter nördlich der Hofstelle ein eigenes Gasthaus gebaut, wohin das Bauerngasthaus auch verlegt wurde. Wie man aus der Hofchronik sehen kann, schwebt über dem Fiechterhof von Alters her ein gastliches Flair, das die ganze Hofstruktur miteinbeziehT. Auf 940 m über dem Meeresspiegel gelegen, umfasst der Hof an die 78 Hektar Grünfläche, Weide, Wald und unbewirtschafteten Grund. Besonders für Familien mit Kindern ist der Viehbestand ein tägliches Erlebnis. Simmentaler Kühe, Kälber, Hühner mit ihrem stolzen Hahn, Schweine und Schmusekatzen zum Streicheln sorgen mit Hund Lucky für Abwechslung auf der „Farm der Tiere", die sich Fiechterhof nennt. Dazu gibt es eine große Spielwiese mit Schaukel, Rutsche, Sandkiste, Basketballkorb und sogar ein Planschbecken für heiße Tage. Bei der Tierfütterung mitzuhelfen ist für jedes Kind ein Erlebnis. Auch im Hausinneren gibt es eine Spielecke und für die Erwachsenen eine „Hofbibliothek".

Was es sonst noch gibt

Man kann vom Fiechterhof aus leichte, aber auch anspruchsvollere Wanderungen und Bergtouren im Herzen der Sarntaler Alpen unternehmen. Die Sarntaler Alpen sind das Zusammen jener Bergmassive und Täler, das von Eisack und Talfer abgegrenzt wird. Es ist von den großen Touristenströmen noch nicht vereinnahmt, das kennt man der Natur- und Kulturlandschaft, wie dem spontanen und ursprünglichen Menschenschlag an, der dieses schöne Tal bewohnt und belebt.

Anfahrt

Von Bozen ins Sarntal bis in die Fraktion Dick, die 4 km vor dem Hauptort Sarnthein liegt.

URLAUB AUF DEM BAUERNHOF

QUELLENHOF   ST. PAULS/EPPAN

KONTAKT

Familie Stefan Pertoll

Unterrainer Straße 44
I-39050 St.Pauls/Eppan
Tel./Fax +39 0471 637001
info@fewo-quellenhof.it
www.fewo-quellenhof.it

Öffnungszeiten
ganzjährig

Ausstattung
4 Ferienwohnungen

Hofeigene Produkte
frisches Obst, Kartoffel, Eier,
Kräuter, Säfte, Wein und
Marmeladen

Die Weinstraße

Es gibt viele berühmte Straßen in der Geschichte der
Menschheit: die Sternstraße nach Santiago de Composte-
la, die Bernsteinstraße von der Ostsee bis Aquileia am
Mittelmeer, die vielen Römerstraßen, die alle nach Rom
führten, die Kaiserstraße, auf der entlang die Kaiser des
Heiligen Römischen Reiches Deutscher Nation zur Krönung nach Rom ritten. Wer an den Freuden dieser Welt
interessiert ist, der wird sich aber schnell nach der Weinstraße umsehen, welche die Weingegenden des Südens
Südtirols erschließt. An dieser bedeutenden Straße liegt
der Quellenhof mit seinen Ferienwohnungen, wo der Weg
nicht endet, der Urlaub aber beginnt. Der Hof liegt in Unterrain, am Fuße der Hänge, die sich Richtung Gantkofel
erstrecken. Der Hof ist eingebettet zwischen Obstgärten

und Weinberge und ist nicht nur an die Weinstraße, sondern auch an das Netz von Fahrradwegen angebunden. Deshalb gibt es auch einen kostenlosen Fahrradverleih am Hof, damit man die nähere Umgebung besser erkunden kann, die Dörfer, die Natur- und Kultursehenswürdigkeiten des Überetsch und die vielen Möglichkeiten sportlicher Betätigung. Im Herbst, wenn die Törggelezeit beginnt, erlebt der Gast die Weinlese, das „Wimmen" und alles, was mit dem Weinbau zusammenhängt. Hofführungen und Kellerbesuche bescheren genussvolle Weiterbildung.

Was es sonst noch gibt

Unterrain ist eine typische Ganzjahres-Destination. Im Frühling dehnt sich das Blütenmeer der Obstanlagen durch das ganze Etschtal. Von Unterrain aus kann man das Überetscher Burgenparadies erwandern (auch erfahren, warum denn nicht!). Wenn es wärmer wird, locken die Badeseen und Freibäder in den Dörfern. Bergwandern, Klettern und Biken bringt den Urlauber in die Höhe, wo des Sommers Frische regiert. Wenn dann der Kunstmaler Herbst ins Land zieht und die Palette der Landschaft ihre 1000 Farben zeigt, dann kommen der neue Wein, die Kastanien und das Ritual des Törggelens. Der Winter ist ruhig in Unterrain, doch von allen Seiten her winken die nahen Skigebiete, bis das Jahr um ist.

Anfahrt

Von Bozen Richtung Eppan um dort nach St. Pauls abzuzweigen. Weiter bis zur Kirche (1 km). Hier rechts abbiegen um nach ca. 200 m den Hof. zu erreichen.

URLAUB AUF DEM BAUERNHOF

LANSERHOF   GIRLAN/EPPAN

KONTAKT

Familie Johann Reiterer

Schreckbichl 37 / A
I-39057 Girlan/Eppan
Tel. +39 0471 661211
info@lanserhof.com
www.lanserhof.com

Öffnungszeiten
ganzjährig

Ausstattung
4 Ferienwohnungen,
1 Doppelzimmer

Hofeigene Produkte
Wein, Apfelsaft, Obst nach Saison

Ein Ort der Idylle im Überetsch

Überetsch ist ein ganz eigenes Stück Südtirol. Nicht alle wissen, woher dieser Name kommt. Vor der letzten großen Eiszeit floss die Etsch noch dort wo heute die Gemeinden Eppan und Kaltern liegen. Erst später bahnte sich der Fluss seinen Weg durch die Porphyrklemme von Sigmundskron. Seit damals liegt dieses Gebiet „über der Etsch". Girlan ist ein idyllisches kleines Dörfchen in Eppan mit wunderbarem Ausblick auf die Landeshauptstadt Bozen. Ein Urlaub inmitten von Weinbergen, ein Urlaub auf dem Bauernhof mit Erholung vom Alltag im hauseigenen Schwimmbad unter dem Reblaub. Auf dem Lanserhof wird es nie langweilig: auf der großen Liegewiese mit Schwimmbad sich von der Sonne bräunen lassen. Auf dem Kinderspielplatz mit Schaukel, Sandkasten und Tischtennis können sich die

Kinder vergnügen. Der angrenzende Wald und die vielen Obst- und Weingärten bieten sich ideal für kurze Spaziergänge an. Den Gästen wird auch ein Fahrradverleih mit neuen Mountainbikes angeboten. Vom Lanserhof aus kann man in den nahe liegenden Montiggler Wald radeln oder wandern. Im Sommer finden oft Grill- und im Herbst Törggeleabende statt. Motorrad- und Radfahrer sind dort herzlichst willkommen, Garage vorhanden.

URLAUB AUF DEM BAUERNHOF

Was es sonst noch gibt

Im Sommer wandert man in einer halben Stunde zum kleinen Montiggler See, wo man toll baden kann. Der nahe liegende Kalterer See ist ein idealer Platz für Wassersportler (Surfer, Segler). Der Winterzauber ist im Winter besonders beeindruckend. Der verschneite Wald, die schlafenden Obst- und Weingärten, die Eisspiegel der gefrorenen Seen, die nahen Skigebiete. Alles ist vom Lanserhof aus in kurzer Zeit erreichbar.

Anfahrt

Ab der Autobahnausfahrt Bozen Süd in die Schnellstraße Meran-Bozen einfahren. Bei Eppan ausfahren, dann in Richtung St. Michael auf der Umfahrungsstraße (nicht durch Tunnel!) bis zum Kreisverkehr. In Richtung Girlan nach Schreckbichl. Im Ort nach 300 m scharf links und der Beschilderung folgen.

TRATTNERHOF

GLANING/BOZEN

KONTAKT

Familie Alois Warasin

Reichrieglerweg 19
I-39100 Glaning/Bozen
Tel. +39 0471 271915
info@trattnerhof.net
www.trattnerhof.net

Öffnungszeiten
01.03.–31.11.

Ausstattung
5 Doppelzimmer

Hofeigene Produkte
Marmelade, Apfelsaft, Äpfel

Das Bozner Becken zu Füßen

Glaning ist ein Ort, der in einer Gunstzone des Tschögglberges angesiedelt ist und unterhalb von Jenesien liegt.
Glaning erreicht man von Bozen aus über die Landesstraße
nach Jenesien, von wo der Gemeindeweg auch abzweigt.
Wenn man am Trattnerhof Urlaub macht, hat man unzählige Möglichkeiten, sich kulturell, sportlich, kulinarisch
und önologisch zu betätigen. Wenn man nicht gerade im
ruhigen und komfortablen Ambiente inmitten des Wein-
und Obstbaugebietes relaxen will. Im Frühling, wenn es
im Tal schon blüht, sind in den Bergen noch die Skilifte in
Betrieb. Im Sommer bietet das nahe Jenesien Freibäder
und Reit-Abenteuer. Im Herbst nach der Weinlese, dem
„Wimmen" wie man hier zu sagen pflegt, beginnt die pa-
radiesische Zeit, die Törggelezeit. Wenn man den Ausblick

genießt, den man vom Trattnerhof aus hat, sieht man die Dolomiten mit König Laurins Rosengarten, das Bozner Becken liegt einem buchstäblich zu Füßen, weit schweift der Blick ins Unterland, nach Überetsch bis hin zum Mendelstock. Wohin der Blick auch streift, überall locken Landschaft, Kunst, Natur und Kultur. Der Trattnerhof, der von Alois Warasin und den Seinen als Familienbetrieb geführt wird, hat auch im Hause allerhand zu bieten: einen Spielplatz für die Kleinen und für die Großen eine Liegewiese, Tischtennis und sogar eine richtige Kegelbahn, wo man so richtig in „die Vollen" schieben kann. Grillmöglichkeit ist auch vorhanden und für die Wanderlustigen hat der Bauer eine eigene Alm auf dem Salten.

URLAUB AUF DEM BAUERNHOF

Was es sonst noch gibt

Der Trattnerhof liegt nicht weit vom Glaninger Kirchlein entfernt. Der gotische Bau ist dem hl. Martin geweiht und beinhaltet einige Reliquien. Das Kirchlein ist jedoch nicht das einzige Kulturdenkmal in der Nähe des Trattnerhofes, denn nach einer kurzen Wanderung erreicht man die Burg Greifenstein, die direkt von einer Porphyrkanzel aus das Etschtal beherrscht. Die stark zerfallene Burg hat eine turbulente Geschichte hinter sich. Als Herzog Friedrich mit der leeren Tasche die wilde Trotzburg einst belagerte, half der Minnesänger Oswald von Wolkenstein bei der Verteidigung des Schlosses und dichtete zu diesem Anlass ein noch erhaltenes Kampflied.

Anfahrt

Von Bozen Richtung Sarntal bis nach ca 1 km links der Reichrieglerweg abzweigt. Auf diesem ca. 3,8 km zum Hof.

HAIDGERBERHOF   LENGSTEIN/RITTEN

KONTAKT

Familie Martin und Maria Pechlaner

Lengstein 85
I-39054 Lengstein/Ritten
Tel. +39 0471 352885
info@haidgerberhof.it
www.haidgerberhof.it

Öffnungszeiten
ganzjährig

Ausstattung
3 Ferienwohnungen

Hofeigene Produkte
Äpfel, Streuobst, Gemüse, Salate,
Kartoffeln

Wer am Hexenboden tanzt ...

Das Rittner Hochplateau, die Sonnenterrasse der Alpen,
hat den Ruf auch Tummelplatz magisch-mythischer Fi-
guren zu sein. Im benachbarten Sarntal war die Pachler
Zottl, die Sarntaler Hexe beheimatet, der Lauterfresser
hat sich auch gern am Ritten herumgetrieben und bei Mit-
telberg, wo der Haidgerberhof steht, gibt es einen leib-
haftigen Hexenboden, wo der Grundriss eines liegenden
Menschen noch zu sehen ist. Lengstein war mit dem Puf-
latscher Boden und dem Boden auf dem Schlern ein beliebter Tanzplatz, den die Hexen auf ihren geschmierten
Besen in Donnerstagnächten aufsuchten.
Das Pechlaner Ehepaar, das mit seinen drei Kindern den
Haidgerberhof bewirtschaftet, ist in Anbetracht der
Höhenlage von 1020 m über dem Meere, ein kleines

Kuriosum, sie führen einen Obstbauernhof. Das kommt von der klimatischen Gunstzone, welche diese Gegend umhüllt. Mit seinen drei Ferienwohnungen ist der Hof für einen romantischen Urlaub am Bauernhof auf der südlichen Sonnenterrasse der Alpen bestens gerüstet.

Kein Wunder, dass die Familie Martin und Maria Pechlaner im Hof eine „Hexenbodenkuchl" eingerichtet hat, die für Urlauber und für Passanten eine Bereicherung ist. Dabei geht es gar nicht verhext zu bei der Kunst, die die Bäuerin Maria virtuos beherrscht. Sie zaubert nämlich am Herd Köstliches: Lammkeule, Schöpsenbraten, Schweinsrippelen, verschiedene Knödel von salzig bis süß, Schlutzkrapfen, Spatzlen, Kaiserschmarren mit eigenen Marmeladen sowie Speck mit allem, was zu einer Marende dazugehört. Nicht zu vergessen die „schwarzplentenen" (Buchweizen) Deftigkeiten, die verhext gut schmecken.

Was es sonst noch gibt

Der Haidgerberhof ist durch seine Höhenlage ein günstiger Ausgangspunkt für Wanderungen oder für neue Ausgangsziele. So sind die berühmten Erdpyramiden, das Wahrzeichen des Rittens, die Rittner Schmalspur-Bergbahn oder das Freischwimmbad nur wenige Kilometer entfernt. Das Ski- und Wandergebiet Rittner Horn liegt ebenfalls in unmittelbarer Nähe und die Landeshauptstadt Bozen erreicht man mit der neuen Seilbahn in wenigen Minuten. Aber wenn man sich in die Eigenwelt eines Hofes taucht, plagt einen das Fernweh nicht sehr.

Anfahrt

Von Bozen auf den Ritten (19,5 km). Von Klobenstein nach Lengstein, dort rechts abbiegen und ca. 1 km zum Hof.

URLAUB AUF DEM BAUERNHOF

BIO-HOF „LANDHAUS"   TERLAN

KONTAKT

Familie Huber Schwembacher

Hauptstraße 46a
I-39018 Terlan
Tel./Fax +39 0471 258208
Mobil +39 328 4858864
info@landhaus.it
www.landhaus.it

Öffnungszeiten
ganzjährig

Ausstattung
2 Ferienwohnungen

Hofeigene Produkte
biologisch: Wein, Äpfel, Trauben, verschiedenes Bioobst und
Biogemüse nach Saison

Weinhof in Terlan

Das Obst- und Weindorf Terlan liegt direkt am Fuße der
steil aufragenden Porphyrwände des Tschögglberges.
Entsprechend haben die Böden eigene Eigenschaften entwickelt, die einigen Weinsorten besonders wohl bekom-
men. Im Landhaus Huber Schwembacher hat man auch
deshalb die Ferienwohnungen nach Rebsorten benannt,
die in den umliegenden Weinbergen besonders gedeihen, so zum Beispiel nach dem autochthonen Lagrein oder
dem feinen Chardonnay. Es handelt sich um einen neu
erbauten Weinhof mit zwei modernen und funktionellen
Ferienwohnungen, alle mit Terrasse und Grünfläche. Er ist
umgeben von Weinreben und einem mediterranen Garten. Am Hof, der als Bio-, Obst- und Weinbetrieb bekannt
ist und über eine eigene Baumschule in Verona verfügt,

kann der Gast auch die Eigenbauweine verkosten. Nennenswert ist das Frühstück mit frischen Marmeladen und Früchten vom Hof, das auch in einem Frühstückskorb von der Frau des Hauses auf die Terrasse gebracht wird. Am Bio-Hof kann man immer wieder an Fachführungen teilnehmen, die vom Haus angeboten werden. Außerdem kann man Tischtennis oder Tischfußball spielen, es gibt einen kleinen Spielplatz und für schöne Ausflüge in der Natur einen kostenlosen Fahrradverleih.
Übrigens ist das „Landhaus" ein Partnerbetrieb der Therme Meran.

URLAUB AUF DEM BAUERNHOF

Was es sonst noch gibt

Terlan ist traditionsgemäß ein Spargelanbaugebiet. Im Frühling, wenn Erntezeit ist, werden sehr interessante, angenehme und genüssliche „Spargelwanderungen" organisiert. Dazu gehören die Besichtigung des Spargelfeldes, der Besuch der Kellerei mit Verkostung und schließlich der Verzehr köstlicher Spargelspezialitäten. Nahe dem „Landhaus" findet man fast alles, was man im Urlaub braucht. Ein Schwimmbad, ein Fitness-Zentrum und ein Hochseilgarten liegen fast vor der Haustür. In 10 bis 25 km Entfernung stehen drei Golfplätze zur Verfügung: Lana, Passeier und Petersberg. Leichte und anspruchsvolle Wanderungen auf den Tschögglberg kann man vom Haus aus unternehmen. Im Winter erreicht man die Skigebiete von Obereggen, Seiser Alm und Meran 2000 bequem über gute Straßen mit dem PKW. Terlan hat eine sehr bemerkenswerte gotische Pfarrkirche mit erstklassigen Fresken der Malschule um Hans Stotzinger; aber auch in der nahen Umgebung gibt es viel Interessantes zu erkunden, das geht vom „Ötzi" Archäologiemuseum über das Naturkundemuseum bis zu den Schlössern Sigmundskron (MMM – Messner Mountain Museum), Hocheppan und der Bilderburg Runkelstein, um nur einige Ziele zu nennen.

Anfahrt

Von Bozen über die MeBo nach Terlan (14 km). Nach der Kirche 200 m auf der Hauptstraße Richtung Meran weiter und rechts zum „Landhaus" abbiegen.

OBSTHOF TROIDNER   UNTERINN/RITTEN

KONTAKT

Familie Thomas Kohl

Hauptstraße 35
I-39054 Unterinn/Ritten
Tel. +39 0471 359442
Mobil +39 335 7475175
www.kohl.bz.it

Produkte Roter Hahn
naturtrübe Fruchtsäfte, verschiedene Fruchtaufstriche, Trockenobst

Weitere Qualitätsprodukte
Wein, Obst und Holunderwasser

Qualität vom Bauern bedeutet Lebensqualität

Der Obsthof Troidner, mit herrlichem Blick in die Welt der bekannten Dolomiten, liegt in Unterinn am Ritten auf 900 m Meereshöhe. An den sonnigen Südhängen reifen hervorragende Kern-, Stein- und Beerenobstarten, aus denen Thomas Kohl edle Fruchtsäfte, köstliche Fruchtaufstriche und Gelees, einen besonderen Apfelwein, fruchtige Weiß- und kräftige Rotweine sowie leckere Trockenfrüchte schonend und sorgfältig herstellt. Hier entsteht Schmackhaftes vom Bauernhof in Südtirol. Die Köstlichkeiten sind im Fachhandel zu erhalten oder direkt im Hofladen.
Da gibt es den köstlichen Apfelwein, fruchtig und erfrischend leicht: er nennt sich Jona-Gold. Die drei Apfelsäfte heißen Gourmet, Plus und Classic, wobei es sich, und das

ist fast eine Rarität, um sortenreine Apfelsäfte handelt. Der „Apfelsaft de luxe" wird unter den Apfelsäften als erster in der 7/10-l-Flasche präsentiert. Aber auch die Weine können sich sehen lassen: Weißburgunder, Müller Thurgau, St. Magdalener und Merlot Riserva runden die Palette ab. Die gepflegten Reben- und Obstanlagen selbst sind sehenswerte Schmuckstücke für sich. Dann gibt es noch die feinen Gelees und Konfitüren vom Apfel, von der Marille, der Himbeere, von der schwarzen Johannisbeere, von Pfirsich, Zwetschge, Sauerkirsche und Erdbeere und das Trockenobst.

Was es sonst noch gibt

Von Unterinn nach Pemmern ist es nur eine kurze Fahrstrecke von 4 Kilometern. Von dort ist die Auffahrt mit der Seilbahn zur Schwarzseespitze möglich, und schon ist eines der lohnendsten Gipfelziele Südtirols in Reichweite: das Rittner Horn. Familienfreundliche 200 Meter Höhenunterschied sind nur zu überwinden, und am höchsten Punkt lockt das Schutzhaus des italienischen Alpenvereins. Ein grandioses 360-Grad-Panorama ist der Lohn des Aufstiegs.

Anfahrt

Von Bozen nach Unterinn am Ritten. Der Hof liegt dort direkt an der Hauptstraße.

QUALITÄTSPRODUKTE VOM BAUERN

OBERLEGARHOF   TERLAN

BÄUERLICHE SCHANKBETRIEBE

Familie Franz Schwarz

Möltnerstraße 2
I-39018 Terlan
Tel. +39 0471 678126
Mobil +39 334 3189520

Öffnungszeiten
Mitte März – Ende Mai;
Mitte September – Weihnachten:
ab 16 Uhr geöffnet.
Sonn- und Feiertage ab 12 Uhr.
Vorbestellung erwünscht;
Di Ruhetag

Anfahrt
Von Bozen über die MeBo nach
Terlan (14 km). Richtung Mölten
abbiegen. Nach ca. 4,5 km an der
rechten Straßenseite liegt der
Oberlegarhof.

An den Porphyrhängen des Etschtales

Der Oberlegarhof liegt oberhalb von Terlan am Weg nach Mölten. Eine interessante Straße, die sich von der Talsohle durch die steilen Porphyrhänge auf den Tschögglberg windet. Oberlegar ist ein bäuerlicher Buschenschank, der sich bei Einheimischen wie bei Urlaubern großer Beliebtheit erfreut, denn die Familie Schwarz versteht es, ihre Gäste mit zahlreichen hofeigenen Produkten zu verwöhnen. Es beginnt mit den Eigenbauweinen, vor denen so mancher Kenner schon den Hut gezogen hat. So zum Beispiel vor dem fruchtigen Sauvignon, dem rubinrot funkelnden Vernatsch oder dem fein ausgebauten Lagrein, der jedem Gaumen schmeichelt. In den Stuben oder auf der Sonnenterrasse werden feine Speisen serviert, das geht von den Spargeln mit Kitz im Frühling über die Suppen, die Schlutzer, die Kürbisteigtaschen bis zu den herbstlichen Schlachtplatten, Rippelen und gebratenen Kastanien mit einem Schluck „Nuien".

Das Kirchlein Ranui mit den Geislerspitzen

GOSTNERHOF BARBIAN/WAIDBRUCK

KONTAKT

Familie Alois Winkler

St. Gertraud 39
I-39040 Barbian/Waidbruck
Tel. +39 0471 654357
info@gostnerhof.com
www.gostnerhof.com

Öffnungszeiten
ganzjährig

Ausstattung
2 Ferienwohnungen und
4 Doppelzimmer

Hofeigene Produkte
Bauernbrot, Eier, Speck, Kaminwurzen, Marmelade, Kuchen,
Nüsse, Obst nach Saison, Wein
und Säfte

An den Hängen des Eisacktales

An den Wein- und Kastanienhängen der Gemeinde Barbian
liegt der Gostnerhof.
Im Herzen jenes Gebietes, wo das Törggelen erfunden
wurde. Törggelen kommt vom lateinischen „torquere", das
heißt auswinden, pressen und davon kommt die „Torggl-
presse". Heute gibt es modernere Geräte um der Traube
den begehrten Rebensaft zu entziehen, aber das Törggelen, das wandern von Presse zu Presse, von Bauer zu Bauer,
ist immer noch die liebste Betätigung für Einheimische und
auch Urlauber, die durch das Eisacktal ziehen.
Im Herbst, wenn der Sußer schon fast reif ist und der Por-
tugieser und der Blauburgunder (nach den Weinsorten sind
die Ferienwohnungen am Gostnerhof benannt!) noch im
Stander blubbern, ist es am Gostnerhof ganz typisch für

die Jahreszeit. Neuer Wein, Kastanien vom Hang, gut essen und trinken, mit Schlutzer, Rippelen, Krapfen und herrlichen Tiroler Gerichten … kurz gesagt: das herbstliche Schlaraffenland. Was die Küche betrifft, ist der Gostnerhof ein herrlicher Einkehrplatz, denn Frau Winkler ist eine hervorragende Köchin, die mit Liebe aus Küche und Keller das Beste hervorzaubert (Öffnungszeiten Buschenschank: Mitte September bis Anfang Dezember).

Am Hof lässt es sich aber das ganze Jahr gut leben. Eine entspannte, freundliche Atmosphäre geht von der Familie Winkler aus über die rustikalen Aufenthaltsräume unter Dach und im Freien, Weinlaube, Marendenplatz, Schwimmbecken, Kontakt mit den Haustieren, Ponyreiten, Almwanderungen, Kulturausflüge, Keller- und Hofführungen. Die Bauernarbeit im Jahresablauf, Heuernte und Weinlese das sind alles unauslöschliche Erlebnisse. Und dann die Umgebung, die Barbianer Pfarrkirche mit dem schiefen Turm, der Wasserfall und das romantische Quellenheiligtum Dreikirchen, wo Magisches und Mythisches zur Realität werden.

Was es sonst noch gibt

Barbian ist allein schon wegen seiner freien Lage gegenüber den Dolomiten ein Ausflugsziel. Hier ist die Landschaft der Star. Der Wein und die Kastanien bestimmen das Bild dieser Gegend, die als Wanderparadies für fast alle Jahreszeiten gilt. Man wählt sich vielleicht als Ausgangspunkt den Barbianer Kirchturm (der schiefer sein soll als der Campanile in Pisa) und wandert einfach los – alles Übrige wird sich finden: malerische Wege, Törggelestationen, Wasserfälle, verträumte Weiler.

Anfahrt

Von Brixen (Bahnhof) gut 17 km südwärts auf der Brenner-Staatsstraße bis Waidbruck. Auf der Landesstraße von Waidbruck in Richtung Barbian. Nach ca. 2 km an der linken Straßenseite liegt der Gostnerhof.

URLAUB AUF DEM BAUERNHOF

KIRCHWIESERHOF   LAJEN

KONTAKT

Familie Walter Plieger

Schießstandweg 21
I-39040 Lajen
Tel. +39 0471 655556
kirchwieserhof@dnet.it
www.kirchwieserhof.com

Öffnungszeiten
ganzjährig

Ausstattung
2 Ferienwohnungen, 2 Doppelzimmer und 1 Mehrbettzimmer

Hofeigene Produkte
Milch, Eier, Joghurt, Marmeladen,
Säfte, Beerenobst, Steinobst,
Äpfel, Kräutersalz, Tees und
Trockengestecke

Auf den Spuren des Vogelweiders

Das Dorf Lajen liegt „am Tor" der Dolomiten, welche vor kurzem von der UNESCO zum Weltnaturerbe erklärt wurden und außerdem am Eingang des Grödnertales, knapp neben der Sprachgrenze zwischen dem deutschen und dem ladinischen Idiom.

Apropos Sprache: in Lajen in Ried gibt es einen Hof, der den Namen „Vogelweider" trägt, was darauf hinweist, dass der bedeutendste deutsche Minnesänger, Walther von der Vogelweide, aus Lajen stammt. Unter Germanisten, Historikern, Sprachforschern und Dichtern toben Richtungskämpfe, ob der große Dichter nun wirklich aus Lajen stamme oder nicht. Für Einheimische und gewogene Urlauber ist die Angelegenheit sowieso klar, Herr Walther war aus Lajen und damit basta!

Am Urlaubsbauernhof der Familie Plieger geht es jedoch nicht so sehr um literarische Streitgespräche, im Gegenteil, es geht um Ausspannung, Ruhe, Erholung, Bewegung und Abenteuer, ganz so wie der Gast es sich einteilen will. Der Kirchwieserhof liegt 5 Gehminuten vom Dorfkern von Lajen entfert und ist bestens auf Genussurlaub eingestellt. Eigener Wellnessbereich mit Bio-Sauna und Heubett sind kostenlos. Das Wohngefühl ist sehr komfortabel, wirkt fast exklusiv wie die Appartements, die alle nach berühmten Berggipfeln oder Dolomitenpässen benannt sind. So ist eines nach dem Sellajoch, einem der schönsten Dolomitenpässe, benannt, ein anderes wieder nach dem Schlern, dem Hausberg der Bozner, und eines nach Santner, dem Erstbesteiger der Santnerspitze im Schlernmassiv. Der Kirchwieserhof wird von Walter und Rosamunde Plieger bewirtschaftet, Oma Frieda und Opa Luis helfen mit und die Kinder Elias, Hannes und Hanna bringen Leben ins Haus. Im eigenen Stall kann man den Umgang mit Tieren erfahren, vom Hochlandrind zur Miezekatze.

Was es sonst noch gibt

Bei einem Frühjahrsurlaub kann man auf den Bergen noch Skifahren, während man im Tal schon den Frühling erwandern kann. Im Sommer und Herbst ist die Palette feiner Betätigungen fast unbegrenzt. Vom Wandern, Klettern, Sport betreiben bis zum herbstlichen Törggelen reißt die Kette der Gelegenheiten nicht ab. Im Winter liegt dem Gast das Einzugsgebiet des „Dolomiti Superski" (1220 km Pisten) buchstäblich zu Füßen ... und am Abend heim, in den heimeligen Bauernhof!

Anfahrt

Von der Autobahn-Ausfahrt Brixen–Klausen auf der Staatsstraße Richtung Gröden. Bei der ersten IP-Tankstelle links Richtung Lajen und vor dem Kirchhügel wiederum nach links zum Hof (ca. 10 km).

URLAUB AUF DEM BAUERNHOF

OBERHAUSERHOF　　　　　　　　　　　　　　　FELDTHURNS

KONTAKT

Familie Daniel und Anita Gasser

Schnauders 83, I-39040 Feldthurns
Tel. +39 0472 855354
Mobil +39 349 7422516
info@oberhauserhof.com
www.oberhauserhof.com

Öffnungszeiten
ganzjährig

Ausstattung
3 Ferienwohnungen

Hofeigene Produkte
Speck, Würste, Milch, Eier, Fruchtaufstriche, Säfte, Obst und Gemüse

Spezialisierung
Urlaub auf dem behinderten-
freundlichen Bauernhof

Hand in Hand mit Tradition und Innovation

Am alten Standort des Hofes, unterhalb des Kirchenhügels von St. Georg in Schnauders, brach 1916 ein Brand aus, der die gesamte Hofstelle zerstörte. Sie wurde wieder aufgebaut, jedoch war sie schnell zu klein. Deshalb wurde die gesamte Hofstelle im Jahr 2005 ausgesiedelt und oberhalb des Dorfes neu gebaut. Viel Holz wurde als Baumaterial eingesetzt und alles nach den neuesten Kriterien der Energieeinsparung eingerichtet. Der Hof trägt das Umweltsiegel „Klimahaus A". Die Familie Gasser hat die Vergangenheit erkannt, in der Gegenwart gebaut und für die Zukunft vorgedacht. Tradition und Innovation gehen Hand in Hand. Der Gemütlichkeit des Lebens und des Urlaub Machens auf dem Bauernhof tut das keinen Abbruch. Mit Kälbchen,

Kühen, Schweinen, Hunden, Katzen, Kaninchen und Bienen ist das Dasein genau so naturverbunden wie in alten Zeiten. In Südtirol gibt es ein absolut friedliches Nebeneinander von alter Tradition und aufgeschlossener Moderne.

Der Oberhauserhof wird von Daniel und Anita Gasser geführt, zusammen mit Oma Tresl und Opa Hans, die einen beneidenswerten Viehbestand von über 60 Braunviehrindern betreuen und außerdem noch Garten und vieles andere zu pflegen haben. Das Kleinvieh ist Zuständigkeitsbereich der Kinder Fabian, Johannes und Martin, aber die Urlaubsgäste helfen gerne mit dabei. Ein Ausflug zur hofeigenen Almhütte oder eine Tour dem Kastanienweg entlang, dann wieder heim mit gutem Appetit. Da warten Speck und Würste, Milch und Eier, Marmeladen, Säfte und Kompotte, stets Frisches aus dem Garten.

Was es sonst noch gibt

Eines sollte man in Feldthurns auf keinen Fall versäumen: den Besuch im Schloss Velthurns (mit Heimatmuseum). Der Bau war einst die Sommerresidenz der Brixner Fürstbischöfe, und entsprechend prunkvoll ist er innen ausgestattet – auch wenn sein Äußeres dezente Zurückhaltung wahrt. Das Schloss ist eines der bedeutendsten Baudenkmäler der Renaissance in Südtirol, von besonderer handwerklicher Qualität sind vor allem die Täfelungen im Fürstenzimmer.

Anfahrt

Von Brixen ca. 8 km südwärts auf der Brenner-Staatsstraße bis zur Abzweigung nach Feldthurns und nach Schnauders. Oder ab der Autobahnausfahrt Klausen nach Feldthurns und direkt nach Schnauders (ca. 6 km).

URLAUB AUF DEM BAUERNHOF

FRÖTSCHERHOF   ST. ANDRÄ/BRIXEN

KONTAKT

Familie Anna und Sepp Jocher

Mellaun 174
I-39042 St. Andrä7Brixen
Tel. +39 0472 852105
Info@froetscherhof.com
www.froetscherhof.com

Öffnungszeiten
ganzjährig

Ausstattung
4 Ferienwohnungen

Hofeigene Produkte
Marmeladen, Sirupe, Joghurt,
Milch, Eier, Kräutersalz, Gemüse
nach Saison

Im Grünland nahe der Bischofsstadt

Was die Geschichte betrifft, kann sich der Frötscherhof in Mellaun auch sehen lassen. Schon um 1200 urkundlich genannt wurde er im Jahre des Herrn 2000 mit viel Verständnis und Liebe restauriert und der heutigen Zeit gemäß angepasst und als Erlebnishof gestaltet. Seit über 4 Generationen führt Familie Jocher den Betrieb mit Einsatz und Freude. Das genießt nicht nur die Familie mit den Kindern, auch die Feriengäste haben Anteil an der hohen Lebensqualität, die ein Urlaub im bäuerlichen Ambiente in sich birgt. Für Kinder gibt es viel zu tun, Langeweile kennt keiner am Hof; dabei können Eltern entspannen und Kinder erleben. Mit der Natur im Einklang sein, Tiere und Pflanzen aus der Nähe beobachten und mehr über sie erfahren, das ist Urlaub am Bauernhof. Aber nicht nur das.

Am Frötscherhof lernt man authentische Bauernprodukte und die Köstlichkeiten aus dem Bauerngarten kennen. Da gibt es Beeren und Obst, aus denen Sirup und Marmelade hergestellt werden. Frisches Gemüse, eigener Joghurt und würziges Schüttelbrot halten Leib und Seele zusammen. Geschmackvoll präsentierte Mitbringsel sind aussagekräftige Erinnerungen. Uralte Tradition und modernen Komfort trifft man in den vier Ferienwohnungen an. Den Namen haben die Wohneinheiten von vier heimischen Baumsorten, die auf die Naturmaterialien hinweisen, mit denen der Bau ausgestattet ist: Birke, Lärche, Linde und Nussbaum. Trotz Traditionsbewusstsein haben die Bauersleute keine Berührungsängste mit den Segnungen allerneuester Technik: so wird der Strom für den Hausgebrauch von einer eigenen Fotovoltaik-Anlage erzeugt, die überhaupt nicht im Widerspruch zur zauberhaften Kulisse der sagenhaften Bergwelt steht, die sie umgibt. Frühling, Sommer, Herbst und Winter, jede Jahreszeit ist gut am Frötscherhof.

Was es sonst noch gibt

Irgendwann wird es Zeit, dem Hauptort des Tals, der alten Bischofsstadt Brixen, seine Reverenz zu erweisen. Ein Besuch, der sich lohnt! Bekannt ist natürlich vor allem der Dombezirk im Zentrum, mit seinen Kirchen und dem eindrucksvollen Kreuzgang. Doch die Stadt vermag auch durch ihre beschauliche Anlage und ihre Lage zwischen den hier zusammenströmenden Flüssen Eisack und Rienz zu faszinieren. Einfach losgehen – die Plätze zum Innehalten finden sich von allein ...

Anfahrt

Von Brixen Richtung St. Andrä und bis nach Mellaun. (5,7 km). Dort scharf rechts haltend ca. 1,2 km weiter zum Hof.

URLAUB AUF DEM BAUERNHOF

MOARHOF   BRIXEN

URLAUB AUF DEM BAUERNHOF

Familie Florian Hofer

Gereuth 52, I-39042 Brixen
Tel. +39 0472 831803
moarhof.gereuth@dnet.it

Öffnungszeiten
ganzjährig

Ausstattung
3 Ferienwohnungen

Hofeigene Produkte
Milch, Eier und Speck

Spezialisierung
Urlaub auf dem Wanderbauernhof

Anfahrt
Von Brixen (Bahnhof) zunächst
unter der Brenner-Autobahn
hindurch und weiter auf der
Feldthurner Straße über die Weiler
Pinzagen und Tils bis zum Hof
(8,6 km).

Der Wanderbauernhof

Wer am Moarhof einkehrt, der kehrt bei einer Bergsteiger-
familie ein. Die Bauersleute, selbst begeisterte Wanderer
und Alpinisten, betrachten ihren Milchwirtschaftsbetrieb
als einen Wanderbauernhof. Die Bauersleute versorgen
8 Kühe, 4 Kälber, zwei Schweine, Hühner, etliche Katzen
und zwei Hunde. Ein paar Streichelhasen fehlen auch
nicht. Das Haus (Wohnhaus und Wirtschaftsgebäude) wie
es nun da steht, hat Florian Hofer 1983 neu gestaltet und
ein paar Betten für den Urlaub am Bauernhof eingerichtet.
So ist es gelungen den Fortbestand des Hofes zu gewährleisten und die eigene Leidenschaft, das Bergsteigen, in
den Beruf einfließen zu lassen. Die Hausleute begleiten
oft ihre Gäste, helfen mit Ausrüstung und Kartenmaterial
aus und sind dergestalt eingerichtet, dass die Gäste auch
nach einer "nassen Tour" sofort einen guten Trockenraum
finden; nach kurzer Labung bleibt nur mehr die schöne Er-
innerung an das Abenteuer Berg.

WIDMANNHOF   ST. ANDRÄ/BRIXEN

KONTAKT

Familie Christa und Georg Fischer

Klerant 191
I-39042 St. Andrä/Brixen
Tel. +39 0472 852035
info@widmannhof.com
www.widmannhof.com

Öffnungszeiten
ganzjährig

Ausstattung
3 Ferienwohnungen

Hofeigene Produkte
Milch, Eier, Joghurt, Marmeladen,
Säfte und Nüsse

Das Brixner Becken zu Füßen

Klerant ist eine Ortschaft, von der aus man das Brixner Becken mit einem Panoramablick erfassen kann. Die altehrwürdige Bischofsstadt war schon Sitz des Kardinals Nikolaus von Kues (Cusanus genannt), jenes hervorragenden Mannes, der die Geisteswelt zwischen Mittelalter und Neuzeit mitgeprägt hat. Heute ist das Brixner Becken ein beliebter Sommerurlaubsort, den sogar der Papst gerne aufsucht. Nur 4 km ist der Widmannhof von Brixen entfernt, mit seinen Kunstschätzen und seinem kulturellen Angebot. Das Ski- und Wanderparadies Plose ist 3 km entfernt. Den Reitstall gibt es am Hof, direkt vor dem Haus. Anfänger können an der Longe die ersten Versuche wagen, Fortgeschrittene können sich vervollkommnen und Ausritte in die wunderbare Landschaft erleben. Ein sportliches Erlebnis für Kinder und Erwachsene. Schon „die Blonden", wie man die geschmeidigen Traditionspferde der Haflingerrasse zu nennen pflegt, sind für sich eine erlebnisvolle Begegnung.

Georg und Christa Fischer mit den Kindern Julia, Katrin und Stefan bewirtschaften nebst Oma Marianne den Widmannhof. Er ist denkmalgeschützt und von der Familie Fischer so geschmackvoll in Stand gehalten, dass vier Blumen des Roten Hahns ihn nun auszeichnen. Beheizt wird der Hof mit dem Holz vom eigenen Wald und den Strom liefert die liebe Sonne über die neue Fotovoltaik-Anlage. Sommer und Winter ist ein Aufenthalt am Hof die Reise wert. Kinderträume werden wahr und Erwachsene können Träume ausleben. Margherite, Sonnenblume und Löwenzahn nennen sich die drei Ferienwohnungen. Sie sind komplett eingerichtet und können auch mit zwei Zusatzbetten bestückt werden. Ein Aktiverlebnis für Jung und Alt, für Klein und Groß. Eine der interessantesten Abwechslungen dürfte für die Urlaubsgäste das „Mitleben" am Bauernhof sein. Dem Bauer beim Melken über die Schulter blicken und mit den Tieren auf Tuchfühlung gehen. Am Bauernhof sein.

Was es sonst noch gibt
Vom Hof aus gibt es eine ganze Menge von Betätigungen, vom Besuch des Erlebnisbades Acquarena in Brixen bis zum Wandern und Skifahren auf der nahen Plose.

Anfahrt
Von Brixen Richtung Plose und St. Andrä bis zur Fraktion Klerant wo der Widmannhof das erste Haus auf der linken Seite ist (4,4 km).

URLAUB AUF DEM BAUERNHOF

SCHNAGERERHOF   ST. ANDRÄ/BRIXEN

KONTAKT

Familie Franz Stockner

Mellaun 177
I-39042 St. Andrä/Brixen
Tel. +39 0472 852100
info@schnagererhof.com
www.schnagererhof.com

Öffnungszeiten
ganzjährig

Ausstattung
4 Ferienwohnungen

Hofeigene Produkte
Speck, Wein, Milch, Gemüse nach
Saison

Mit der Natur im Einklang

Der Schnagererhof hat eine lange Geschichte. Erstmals urkundlich erwähnt wurde der Hof im 14. Jahrhundert.
Schon seit fast 100 Jahren werden auf dem Schnagererhof Gäste empfangen. Waren es einst reiche Kaufleute aus Brixen, die zur Sommerfrische nach Mellaun kamen, kommen heute Gäste aus aller Welt, um ihren Urlaub hier zu genießen.
Zur Natur zurückkehrend bewirtschaftet der Bauer Stockner heute seinen Betrieb nach den Richtlinien des ökologischen Landbaues. Er nutzt die Biomasse aus dem eigenen Wald für die Hackschnitzelheizung und die Sonne erzeugt auf dem Dach den Strom. Am Schnagererhof wird nicht Energie verschwendet und trotzdem ist er mit allen Segnungen moderner Technik ausgestattet.

Der Schnagererhof ist ein Milchvieh- und Weinbaubetrieb und baut auf gewisse Synergien, auf das Zusammenwirken verschiedener Faktoren, die im richtigen Verhältnis zu einander stehen. Auf dem Bauernhof tummeln sich allerhand Tiere, wie etwa die Kühe und Kälbchen, im Sommer die Schweine und viele Katzen, Hasen und Zwergziegen. Um so genussbringender ist es, wenn man im Weingut die Trauben der Sorte Gewürztraminer und Zweigelt reifen sieht, die zum Teil von den Bauern selbst zu Wein verarbeitet werden und zum Teil an die Stiftskellerei des Klosters Neustift geliefert werden. Täglich frische Kräuter und Gemüse aus dem Garten kann der Gast sich holen. Die Bauern legen großen Wert darauf, die Produkte so natürlich wie möglich herzustellen. Aus ihren „Zweigelt-Trauben" machen sie einen guten Tropfen Wein.

Am Hof wird es nie langweilig und es ist immer für Abwechslung gesorgt: ob auf der großen Spiel- und Liegewiese mit Grillmöglichkeit, bei den Tieren oder im gemeinsamen Aufenthaltsraum, wo sich zahlreiche Spielmöglichkeiten und Bücher finden. Alle vier Jahreszeiten sind in ihrer Art einmalig und für Einheimische und Urlauber immer wieder wie ein Wunder, wenn man nur im Stande ist, die Augen zu öffnen und die Sinne zu schärfen.

Was es sonst noch gibt

Von St. Andrä aus führt die Plose-Seilbahn in wenigen Minuten auf den Gipfel des Brixner Hausberges. Oben dann wartet nicht nur eine absolut freie Rundumsicht auf die Dolomiten, die Sarntaler Alpen und die Gipfel des Alpenhauptkamms, sondern es bietet sich auch reichlich Gelegenheit, auf dem ausgedehnten Wanderwegenetz selbst für einen Wechsel der Szenerie zu sorgen: eine vorzügliche Methode des familienfreundlichen Maßnehmens für künftige Unternehmungen.

Anfahrt

Von Brixen Richtung St. Andrä (4 km)) und, sich rechts haltend, ca. 1 km weiter bis zum Hof.

URLAUB AUF DEM BAUERNHOF

WALDHARTHOF   NATZ/SCHABS

KONTAKT

Familie Erich Tauber

Michael-Pacher-Straße 51
I-39040 Natz-Schabs/Raas
Tel. +39 0472 412242
Info@waldharthof.it
www.waldharthof.it

Öffnungszeiten
ganzjährig

Ausstattung
3 Ferienwohnungen

Hofeigene Produkte
Eier, Speck, Obst, Gemüse,
Apfelsaft, Wein, Marmeladen

Am Sonnenplateau

Am sonnenverwöhnten Apfelhochplateau von Natz-
Schabs liegt der Waldharthof, ein idealer Ort zum Relaxen
und zum Entspannen. Er ist aber auch, je nach Jahreszeit,
Ausgangspunkt zum Wandern, Skifahren und Schwimmen.
Vom Hof aus gibt es geführte Wanderungen, die Hausleute organisieren Bastelnachmittage für die Kinder und Grillabende für die „Großen", doch die Mitarbeit am Hof ist für
so manche ein ganz eigenes Erlebnis, das einem die Ver-
bindung zur Natur und zur Mutter Erde handgreiflich vor
Augen führt. Die Familie Tauber (sie ist mit Papst Benedikt
XVI. verwandt) entspricht noch den Anforderungsprofilen
der traditionellen Bauernfamilie, dabei ist sie nicht stehen
geblieben, im Gegenteil, die Weiterbildung der Kinder
steht im Vordergrund und der Bauernhof ist als Betrieb

zukunftsorientiert. Bei den Taubers fühlt man sich wie in einer Familie. Im Urlaub ist der Kontakt zu den Menschen so wichtig wie zu Natur und Landschaft. Im Zuge der Hofführung ergibt sich die Gelegenheit zu einer Weinverkostung im hofeigenen Keller. Die Bewohner des Hofes leben in komfortablen Ferienwohnungen, diese sind bestens ausgestattet und verfügen über eine wunderbare Aussicht. Die Wohnungen sind voll eingerichtet und gewährleisten Genuss und Lebensfreude am Bauernhof.

URLAUB AUF DEM BAUERNHOF

Was es sonst noch gibt

Apropos Landschaft ist anzumerken, dass in nächster Umgebung des Waldharthofes das schmucke, leicht verträumte Dorf Raas liegt, das den alpinen Charakter der Alpensüdseite kennzeichnet. Die Filialkirche ist dem hl. Ägidius geweiht, der unter anderem auch Beschützer des Weinbaus ist. Im nahen Neustift wird der berühmte Sylvaner angebaut und nicht nur das, als Kunst- und Kulturzentrum ist es allemal einen Besuch wert. Das Biotop Raier Moos ist eine zauberhafte Moorlandschaft, in der man, wenn man will, der Systematik in der Botanik und zugleich der speziellen Zoologie nachgehen kann. Auf Moränen der letzten quartären Vergletscherung gelegen, war der ehemalige See ein Standort für die ersten Siedler, die sich auf Pfahlbauten einrichteten.

Anfahrt

Von Brixen knapp 2 km nordwärts auf der Brenner-Staatsstraße; am Kreisverkehr rechts, über den Eisack und nach Elvas. Sich hier links haltend etwa 2,4 km weiter nach Raas. Gleich nach der Ortstafel „Raas/Rasa" scharf rechts abbiegen und noch ca. 150 m weiter zum Hof.

KRÄUTERGÄRTEN WIPPTAL   WIESEN/PFITSCH

KONTAKT

Kräutergärten Wipptal

Hintere Gasse 152
I-39040 Pfitsch/Wiesen
Tel. +39 0472 765809
Mobil +39 339 6772652
info@biowipptal.it
www.biowipptal.it

Öffnungszeiten
Wiesen: Di und Do, 16–18 Uhr
Pflersch: Fr 16–19 Uhr

Produkte Roter Hahn
Kräutermischungen und Einzel-
kräuter, Gewürze und Gewürz-
mischungen, Kräutersalz, Liköre,
Naturkosmetik

Das grüne Gold vom Silbertal

Das Pflerschertal, das bei Gossensaß ins Eisacktal einmün-
det, war einst reich an Bergwerken mit Edelmetallen. Alte
Legenden berichten von reichen Knappen und goldenen
Kegelspielen im Silbertal von Pflersch. Der Bergsegen ist
inzwischen versiegt, doch innovativ denkende Menschen
haben eine neue Ader erschlossen und in den Kräutern
das grüne Gold ausgemacht; und das nicht nur am Botenhof (1250 m) in Pflersch, sondern auch am etwas niederer
gelegenen Steirerhof (900 m) in Wiesen, wo die Produkte
auch im Hofladen zu erstehen sind. Hinter „Kräutergärten
Wipptal" stehen drei Personen, die zusammen die beiden
Höfe bewirtschaften: Gabi und Sepp Holzer sowie Bernhard Auckenthaler. Der eine ist Landwirt, der andere ist
gelernter Gärtner und die Frau ist Biologin. Eine große

Liebe zur Natur und zur Mutter Erde ist auch eine Voraussetzung, die man bei einem so innovativen wie konservativen Projekt mitbringen muss. Die Arbeitsphilosophie, die den drei Kräutermeistern am Herzen liegt, ist die extensive Anbauweise nach ökologischen Richtlinien, die passende Höhenlage, das Pflücken von Hand und die Verarbeitung zu qualitativ hochwertigen Produkten.

Bei der Namensgebung der verschiedenen Produkte sind die Kräutergärtner nicht verlegen und lassen der kreativen Phantasie freien Lauf: da gibt es Tees wie Herzlwärmer, Wind und Wetter, Pfeifer Huisele, Venus und gar den Liebestrank Nr. 7. Bei den herrlichen Elixieren rinnt einem auch das Wasser im Mund zusammen: von der Schwarzen Johannisbeere über die Apfelminze bis zur Moschusschafgarbe gibt es allerhand gesunde Mischungen. Die Naturkosmetik ist ein eigenes Standbein der tüchtigen Kräutergärtner.

Was es sonst noch gibt

Wer sowohl dem Botenhof in Pflersch als auch dem Steierhof in Wiesen einen Besuch abstatten möchte, der wird in jedem Fall durch Sterzing kommen. Warum also nicht dem Fugger-Städtchen einen Besuch abstatten, dem einst Handel und Bergbau zu Wohlstand und seinem malerischen Stadtbild verholfen haben? Hinter den mittelalterlich anmutenden Fassaden der Altstadt verbirgt sich viel Bemerkens- und Sehenswertes!

Anfahrt

Zum Hofladen Steirerhof in Wiesen: Von Sterzing nach Wiesen/Pfitschtal sind es wenige km auf der Landesstraße. Zum Hofladen Botenhof in Pflersch: Von Gossensaß ins Pflerschtal. 300 bis 400 m nach dem Skigebiet Ladurns auf der rechten Seite liegt der Botenhof.

QUALITÄTSPRODUKTE VOM BAUERN

STRASSERHOF   NEUSTIFT/VAHRN

BÄUERLICHER SCHANKBETRIEB

Familie Johann Baumgartner

Unterrain 8
I-39040 Vahrn/Neustift
Tel. +39 0472 830804
info@strasserhof.info
www.strasserhof.info

Öffnungszeiten
September–Dezember, 12–23 Uhr.
Mo Ruhetag

Anfahrt
Von Brixen knapp 2 km nordwärts
auf der Brenner-Staatsstraße.
Am Kreisverkehr folgt man der
Pustertaler Staatsstraße, die rechts
abzweigt nach Neustift. Ca. 1, 7 km
weiter bis zu einer Abzweigung.
Rechts abbiegen und noch wenige
Meter bis zum Hof.

Ausspannen und Törggelen

Der Wein des Strasserhofes ist beliebt wegen seines feinen
Duftes und Aromas, das ihm das eigene Terroire und das
Klima an den Neustifter Sonnenhängen verleiht. Müller Thur-
gau, Kerner, Gewürztraminer und Sylvaner sind die vier Weiß-
weinsorten, die am Hof angebaut werden. Als Roter wird im
Buschenschank der Zweigelt aufgeschenkt, der sich als guter
„Kletterer" für die höheren Lagen nördlich von Brixen beson-
ders eignet. In der getäfelten Stube oder auch auf der Sonnenterrasse wird im Herbst eifrig „getörggelet": bei frischen
Eigenbauweinen und saftigen Schlachtplatten und anderen
Eisacktaler Spezialitäten wie Schlutzer, Schupfnudel und Kastanien wird ein Tag zum kulinarischen und gesellschaftlichen
Erlebnis. Gepflegte Gemütlichkeit rundherum findet man
auch in den liebevoll ausgestatten Gästezimmern und am
Morgen gibt es ein anständiges Frühstücksbuffet. Im Sommer stehen dem Gast sämtliche Möglichkeiten des Eisack-
tales offen und im Winter winken die Plose mit Hüttenzauber
und für Wasserratten die Acquarena, eine Erlebniswelt pur.

UNTERAICHNERHOF   BARBIAN

Junger Wein im alten Hof

Der Name Unteraichner hatte seinen Ursprung 1350, durch einen Mann namens Heinrich von Aichach. Der Unteraichnerhof wurde von Denkmalpfleger Helmut Stampfer als „charakteristisches Beispiel bäuerlicher Architektur aus der Tiroler Spätgotik" bezeichnet. 1896 hat Familie Mur den Hof übernommen. Im neuen Hof befindet sich seit 2003 der beliebte Buschenschank. In der geräumigen Stube ist es fein sich gemütlich nieder zu lassen. Das Törggelen ist gewiss eine Eisacktaler Seligkeit, der man am Unteraichnerhof gut frönen kann. Schlutzer, Kasnocken und Gerstsuppen, Schlachtplatten, hausgemachte Würste, Surfleisch und Rippelen, Kastanien und Barbianer Krapfen erfreuen den Gaumen. Aber auch im Frühling gibt es Fleischgerichte vom Kalb, vom Rind und vom Schwein und frisches Gemüse vom eigenen Garten. Die originellen Weine passen das ganze Jahr trefflich. Vernatsch, Zweigelt und alte Sorten wie Furner, Hottler und Brattraube werden verschnitten und das macht die Weinverkostung zum Abenteuer.

BÄUERLICHER SCHANKBETRIEB

Familie Josef Mur

St. Jakob 24
I-39040 Barbian
Tel. +39 0471 650115
Mobil +39 340 4689980
info@unteraichnerhof.com
www.unteraichnerhof.com

Öffnungszeiten
Vom 1. Sep. – Mitte Dez; Ostern – Pfingsten; ab 12 Uhr (kein Ruhetag); Vorbestellung erwünscht.

Anfahrt
Von Brixen gut 17 km südwärts auf der Brenner-Staatsstraße bis Waidbruck. Hier rechts Richtung Barbian und weiter Richtung Villanders. Nach ca. 1 km eine Einfahrt nach rechts, ab hier Beschilderung zum Hof.

Traditionelles ladinisches Bauerngehöft unterm Heilig-Kreuz-Kofel

DOLOMITEN

HOF-ZERUND   KASTELRUTH

KONTAKT

Familie Trocker Walter

Paniderstraße 43
I-39040 Kastelruth
Tel. +39 0471 700082
Mobil +39 339 2764312
info@hofzerund.com
www.hofzerund.com

Öffnungszeiten
ganzjährig

Ausstattung
3 Ferienwohnungen und
1 Doppelzimmer

Hofeigene Produkte
Milch, Säfte, zum Frühstück:
Speck, Kaminwurzen, Marmeladen
und Eier

Spezialisierung
Urlaub auf dem
familienfreundlichen Bauernhof

Urlaub für die ganze Familie

Der Hof wurde erstmals im Jahre 1502 erwähnt. Der da-
malige Besitzer hieß Ulrich Dosserunder. Die Behausung,
genannt Zerund, bestand aus „Dille" und Stallung, Stadl,
Krautgarten, Äcker, Wiesen und Wälder. Im Laufe der Jahre bis zum heutigen Standpunkt wechselte der Hof 18-mal
die Besitzer. Im März 2006 haben Walter und Judith Trocker den Hof vom Vater Richard übernommen und sind nun
Hofbesitzer. So wurde der Hof im Jahre 2005 umgebaut.
Die Bauersleut erneuerten die alten Ferienwohnungen
zu gemütlich-modernen Appartements mit ein und zwei
Schlafzimmern. Dazu errichteten sie noch einen Aufenthaltsraum für gemütliche Stunden und ein Spielzimmer für
die kleinen Gäste. Der heutige Hof besteht aus 9 Hektar
Wiesen und 4 Hektar Wald, Hausgarten, 40 Stück Rind-
vieh, Kälbchen, Hund, Schweine, Katzen und mehreren
Kleintieren (Meerschweinchen, Kaninchen, Ziegen, Pony,
usw.).

Der Hof wird von Walter und Judith, die selbst drei Kinder haben, sehr familienfreundlich geführt. Nicht umsonst wurde er vom Roten Hahn mit dem Prädikat „familienfreundlicher Bauernhof" ausgezeichnet. Für Kinderspaß am Hof ist gesorgt, im Freien wie im Spielzimmer können sich die Kleinen beschäftigen und unterhalten. Egal ob beim Tischfußball, auf der Spielwiese, auf der Tierwiese oder an der „Grillstation". Jeden Abend können sie dem Bauern beim Füttern der Tiere und beim Arbeiten im Stall zusehen und so das Geschehen am Bauernhof hautnah miterleben. Die Erwachsenen haben viele Möglichkeiten für Ausflüge in die Natur und zur Kultur. Schon manche haben sich auf die Spuren des großen Barden und Landsmann Oswald von Wolkenstein begeben, da kann man nämlich Überraschungen erleben.

Was es sonst noch gibt
Der Hof befindet sich oberhalb von Kastelruth (genannt Oberdorf) ca. 2,3 km vom Zentrum entfernt, auf 1200 m Meereshöhe. Er liegt landschaftlich schön und absolut ruhig inmitten von Wiesen und Wäldern weitab von der Straße und ist idealer Ausgangspunkt für Wanderungen.

Anfahrt
Von Brixen gut 17 km südwärts auf der Brenner-Staatsstraße bis nach Waidbruck. Dort nach Kastelruth abzweigen. Von Kastelruth Richtung Grödental. Nach 2,3 km rechts neben der Haupstraße liegt der Hof-Zerund.

STADLALM   WELSCHNOFEN

KONTAKT

Familie Andreas Kircher

Karerseestraße 128
I-39056 Welschnofen
Tel. +39 339 8613931
info@stadlalm.it
www.stadlalm.it

Öffnungszeiten
ganzjährig

Ausstattung
4 Ferienwohnungen

Hofeigene Produkte
Marmelade, Sirup, Speck und
Wildwürste

In König Laurins Zauberreich

Hier erwartet Sie, in besonders ruhiger Lage, ein atembe-
raubender Panoramablick auf Rosengarten und Latemar.
König Laurins Zauberreich ist und bleibt ein sagenumwo-
benes Geheimnis. In dieser magischen Umgebung steht
die Stadlalm. Ein Platz zum Relaxen, idealer Ausgangspunkt für Wanderungen, Mountainbike- und Klettertouren.
Der Hof, in Holzbauweise errichtet, entspricht dem Klimahaus B Standard. Rund um den Bauernhof finden Große
und Kleine jede Menge Platz zum Relaxen, Entdecken und
Austoben! Gerne kann bei der täglichen Bauernarbeit mit-
gemacht werden, sofern es einen interessiert und einem
Spaß macht. Auf dem Bauernhof gibt es viele Tiere, so dass
sich besonders Kinder auf dem Hof wohl fühlen. Manch-
mal bekommt eine Stute gerade ein Fohlen, während der

staunende Urlauber diesem Wunder des neuen Lebens beiwohnen kann. Das Frühstückei – frisch gelegt – kann man sich selbst aus dem Hühnernest holen. Da wird ein weich gekochtes Ei zur Delikatesse. Einen lieben Streichel-Hasen kann man sogar mit nach Hause nehmen.

Bei einer Führung werden alte bäuerliche Arbeitsgeräte sowie moderne Maschinen erklärt. Es ist sehr interessant, den Unterschied zu erfahren zwischen den alten Rinder-rassen und den heutigen Hochleistungsrindern. Im neuen Laufstall werden Tiere verschiedener Rassen gezüchtet: Original Tiroler-Grauvieh, Pinzgauerrinder, Holstein Fri-sen, Jersey sowie Brown Swiss. Alle Tiere haben Abstam-mungsnachweise mit teils hohen Mutterleistungen und stammen von internationalen Top-Vererbern ab. Da gibt es allerhand zu sehen und zu begutachten. Anschließend kann man im Hofschank ein typisches Tirolergericht oder eine Marende genießen.

Was es sonst noch gibt

Von der Stadlalm zum berühmten Karersee sind es gerade einmal 3 Kilometer. Man wird sich also den Besuch dieses Wahrzeichens der Dolomiten nicht entgehen lassen. Es ist von Sagen umrankt, wie auch die Berge von Latemar und Rosengarten, die sich so malerisch in ihm spiegeln. Der Spaziergang um dieses „Auge der Landschaft" ist ein kurzes, aber eindrucksvolles und gewiss unvergessliches Vergnügen.

Anfahrt

Von Bozen auf der Staatsstraße Richtung Brenner. Bei Kar-neid ins Eggental abzweigen und bis nach Welschnofen fahren. Weiter in Richtung Karerpass und der Beschilde-rung bis zur Stadlalm folgen (ca. 28,5 km).

ANSITZ RANUIHOF   VILLNÖSS

KONTAKT

Familie Gerhard Runggatscher

St. Magdalena 39
I-39040 Villnöß
Tel. +39 0472 840506
info@ranuihof.com
www.ranuihof.com

Öffnungszeiten ganzjährig

Ausstattung 6 Doppelzimmer

Hofeigene Produkte
Milch, Marmeladen, Säfte, Gemüse
aus dem Garten

Spezialisierung
Urlaub auf dem historischen
Bauernhof

Ansitz und Jagdschloss

Der Ranuihof gehört zu den ältesten Höfen im Villnösser
Tal. 1370 als „hof ze Rumenuye und wise heizzet Tschuval"
im Urbar des Berthold von Gufidaun erwähnt, erwuchs all-
mählich der Name Ranui daraus. 1665 erwarb der Klausner
Gewerke, Gastwirt zum Bären und Handelsmann Michael
Jenner (1637–1723), den Ranuihof, den er zu einem som-
merlichen Ansitz, eine Art Jagdschlösschen umbaute. Im
Flur des 1. Stockes ließ Michael Jenner 1682 verschiedene
Fresken anbringen. Hier beherbergte er schon einst seine Jagdfreunde. Die künstlerisch bemerkenswerten Fresken aus dem 17. Jahrhundert zeigen Jagdszenen mit zum
Teil exotischen Darstellungen von Löwen und Leoparden,
aber auch Landschaften und Abbildungen aus der Küche,

welche wiederum als Genre-Bilder sozialgeschichtlichen Einblick in jene Zeit des Barock geben, die uns heute noch fasziniert.

Das zum geschlossenen Hof gehörige Ranuikirchlein (zum hl. Johannes Nepomuk) ist wohl das meist fotografierte Heiligtum der ganzen Dolomitenwelt und fast ein Emblem der Geisler geworden. Heute kann man im Ranuihof, komfortabel und wohl umsorgt, einen außergewöhnlichen „Urlaub vom Ich" verbringen, der voller Überraschungen ist. Trotz seiner aristokratischen Geschichte ist der Ranuihof ein landwirtschaftlicher Betrieb geblieben. Erfolgreich in der Haltung von Braunvieh, hat er mit seinen Schweinen und Katzen und vor allem mit seinen Menschen die Authentizität beibehalten, die einen Urlaub am Bauernhof liebenswert macht.

Die Zimmer sind romantisch und zugleich komfortabel eingerichtet. Ein reichliches Frühstücksbuffet bietet allerlei Schmackhaftes aus der Villnösser Bauernproduktion. Die gepflegte Spiel- und Liegewiese steht für die Gäste bereit. Zum Hof gehört auch die Geisleralm, die besonders im Winter einzigartige Gelegenheiten für Rodelpartien und sanften Wintertourismus bietet.

Was es sonst noch gibt

Wer die Geislerspitzen im Talschluss von Villnöß ausgiebig bestaunt hat, der soll erfahren, dass es in dieser Gegend nicht nur den bleichen Fels der Dolomiten gibt, sondern im Mineralienmuseum in Teis am Beginn des Tals auch eine faszinierende Schau von edlen Steinen. Näheres unter www.mineralienmuseum-teis.it.

Anfahrt

Von Brixen ca. 8 km südwärts auf der Brenner-Staatsstraße um dort ins Villnößtal abzuzweigen. Weiter bis nach St. Magdalena (11 km), dort links abbiegen und ca. 1,8 km weiter zum Hof.

URLAUB AUF DEM BAUERNHOF

OBERREDENSBERG   ANTHOLZ/RASEN

KONTAKT

Familie Andreas Schuster

Neunhäusern 18
I-39030 Antholz/Rasen
Tel. +39 0474 496565
info@oberredensberg.it
www.oberredensberg.it

Öffnungszeiten
ganzjährig

Ausstattung
3 Ferienwohnungen

Hofeigene Produkte
Eier, Milch, Butter, Käse

Urlaub wie angegossen

Das Antholzer Tal zählt zu den schönsten Bergtälern der Alpen. Hoch droben auf der Bergschulter zwischen Antholzer Tal und Pustertal, in einer Höhe von 1379 m, liegt eingebettet in Wiesen und Wälder, der Hof Oberredensberg. Majestätisch ist der Ausblick auf die umliegende Berglandschaft, von der Rieserferner Gruppe bis zu den Dolomiten türmt sich die bizarre Kulisse auf. Andreas und Angelika Schuster bewirtschaften mit ihren Kindern den Bergbauernhof, der sich sehr gut für den Urlaub auf dem Bauernhof eingerichtet hat. Schon die Namen der Ferienwohnungen lassen romantische Stimmung aufkommen, sie heißen „Abendrot", „Morgenstern" und „Schwalbennest". Da lässt es sich gut leben am Bauernhof. Kuhglocken anstatt nerviges Handyklingeln, sanfte Wiesenmatten anstatt Spannteppich und unbequeme Bürosessel. Genau das findet man auf Oberredensberg, denn der Hof scheint direkt aus der Wiese zu sprießen, die sich der Urlauber zur Liegewiese auserkoren hat. In der Höhe aufzuwachen und die frische Bergluft einzuatmen, erfüllt einen schon mit Kraft und Lebensenergie. Ein Frühstück mit frischen Eiern, Milch und Butter vom Bauern flößt einem direkt die Wanderlust ein und auf geht es zur hauseigenen Alm. Es handelt sich dabei eher um einen Spaziergang – obwohl zwei Stunden Gehzeit – als um eine richtige Bergtour. Da wird das Jungvieh der Bauern aufgetrieben, schließlich braucht das Vieh auch seinen Urlaub und der Opa bewirtschaftet in alter Frische die Alm, macht Käse und schlägt frische Butter.

Was es sonst noch gibt

Ob Nordic Walking, Wandern, Skifahren, Klettern oder Reiten, es gibt eine Vielzahl von Urlaubsbetätigungen, die praktisch vor der Haustür liegen, egal ob im Sommer wenn die Berge blühen oder im Winter wenn Frau Holle grüßen lässt. Das Biathlonzentrum Antholz, der Kronplatz und die nahen Skikarusselle, Eislaufplätze und Schlittenfahrten; alles genüssliche Sachen, die uns hinter der Ofenbank herauslocken.

Anfahrt

Von Bruneck auf der Pustertaler Staatsstraße Richtung Toblach. Nach ca. 8,5 km Abzweigung ins Antholzer Tal. Beim Kreisverkehr am Dorfeingang von Niederrasen links Richtung Antholz abbiegen. Auf dieser Straße ca. 1,5 km weiter, dann links. Ab hier ist der Hof ausgeschildert, den man nach ca. 1,8 km, den Berg hinauf, erreicht.

URLAUB AUF DEM BAUERNHOF

MAHRHOF   TAISTEN/WELSBERG

KONTAKT

Familie Schwingshackl

Wiesen 36
I-39035 Taisten/Welsberg
Tel. +39 0474 950049
info@mahrhof.com
www.mahrhof.com

Öffnungszeiten
ganzjährig

Ausstattung
4 Ferienwohnungen

Hofeigene Produkte
Eier, Milch, Speck, Marmelade

Harmonie für Körper, Geist und Seele

Der Mahrhof befindet sich nur wenige Minuten vom Dorf Taisten entfernt, inmitten unberührter Natur und majestätischer Berge. Der Mahrhof ist ein 28 ha großer Bauernhof und seit Mitte des 18. Jahrhunderts im Besitz der Familie Schwingshackl.

Der Mahrhof ist ein landwirtschaftlicher Vollerwerbsbetrieb mit Milchviehhaltung und eigener Aufzucht. Der Wald liefert Bauholz und Brennstoff für die Biomasseheizanlage, welche den Bauernhof mit Wärme und heißem Wasser versorgt. Der Bauernhof wird extensiv bewirtschaftet, d. h. dass kein Mineraldünger auf den Wiesen ausgebracht wird. Die Eltern sehnen sich meist nach Erholung, Kinder wollen sich im Urlaub austoben. Der Mahrhof bietet die Gelegenheit beides perfekt zu vereinbaren.

Der Gast hat seine eigenen vier Wände und ist in jeder Beziehung unabhängig.

Dazu kommt der Bauernhofalltag hautnah. Lust bei der Arbeit am Hof oder im Stall mit anzupacken? Oder mit dem Traktor mitzufahren? Besonders für Kinder gibt es viel zu entdecken. Die Tiere am Hof und ein großer Garten mit Spielmöglichkeiten lassen die Herzen höher schlagen.

Durch das kalte Bachbett „barfußen" ist ein wahrer Genuss und der Pyramidenkneippweg „rudlbach" liegt ganz nahe. Die Kneippgaudi von Wiesen/Taisten bietet auf einer Strecke von etwa 2 km Fitness total für die Füße und den ganzen Organismus. Wenn ein Gast nicht wissen sollte, was „Kneippen" ist, am Mahrhof wird er bestens eingewiesen, wie man beim Wassertreten der eigenen Gesundheit auf die Sprünge hilft.

Was es sonst noch gibt

Im Winter bieten Skipisten und präparierte Rodelbahnen garantierten Winterspaß, im Frühling kann der Wanderer die erwachende Natur schon ab April erforschen und im Sommer und Herbst stehen spannende Ausflüge auf dem Plan: etwa beim Radfahren, Reiten oder Bergwandern.

Anfahrt

Mit Auto: Von Bruneck im Pustertal Richtung Welsberg weiterfahren. Bei der Ausfahrt Welsberg West links einbiegen auf die Landesstraße nach Taisten. Von Lienz in Österreich aus in Welsberg-Ost ausfahren.

URLAUB AUF DEM BAUERNHOF

WALCHERHOF   GSIESER TAL

KONTAKT

Familie Elisabeth und Franz
Schwingshackl

Innerpichl 2A
I-39030 Gsieser Tal
Tel. +39 0474 746961
info@walcherhof.eu
www.walcherhof.eu

Öffnungszeiten
ganzjährig

Ausstattung
1 Ferienwohnung

Bäuerliche Tradition am Hof

Der Walcherhof ist einer der ältesten Höfe des Tales mit einer bis heute betriebenen, intakten Landwirtschaft. Ausgefüllte Ferien, Ruhe, gepflegte Natur sowie herzhafte Gastfreundschaft erleben Sie auf dem Walcherhof mit einer Vielzahl von Tieren. Eine neu errichtete, komfortable und sehr geräumige Ferienwohnung bietet den idealen Start für einen Wander- und Relaxurlaub im Sommer. In der kälteren Jahreszeit lockt der Schnee mit Skifahren, Snowboarden, Langlaufen oder Rodeln in den bekannten Orten Gsies, Hochpustertal oder Kronplatz.

Am Hof kann man beim Versorgen der Tiere mithelfen oder einfach bei den Stallarbeiten zusehen, den Duft von frischem Heu riechen, Wasser vom Brunnen trinken und auch bei der Feldarbeit mit dabei sein. Hier gibt es viele einzigartige

Möglichkeiten bäuerliche Tradition, Landwirtschaft, Naturverbundenheit und liebevolle Gastfreundschaft hautnah zu
erleben. Die gute Luft, das saubere, genießbare Wasser,
dessen Quelle auf unseren Almen entspringt, sowie die
schöne Natur vermitteln ein neues Lebensgefühl.

URLAUB AUF DEM BAUERNHOF

Was es sonst noch gibt

Das Gsieser Tal ist ein Seitental des Pustertales zwischen
den Ausläufern der Rieserfernergruppe und den Defreg-
ger Alpen. Das 20 km lange Tal verläuft bis St. Magdalena fast eben und ist sehr weit und sonnig. Die Hänge
beiderseits des Talbodens sind mit dichten Tannen- und
Fichtenwäldern bewachsen. Der niederste Ort Pichl liegt
auf 1260 m Meereshöhe, St. Magdalena auf 1400 m, die
letzten Höfe befinden sich auf 1530 m. Das weite, ruhige
Tal bietet vor allem Entspannung, Erholung, viel Natur,
gute Luft und eine intakte, von fleißigen Bauernhänden
geprägte Kulturlandschaft.

Dem Wanderfreund erschließt sich hier Sommer wie Winter ein gut ausgebautes Wandernetz mit einer Vielzahl
von markierten Wanderwegen hinauf in eine wundervolle
Berglandschaft, dazu verwöhnen Sie die Almenhütten-
besitzer mit ihren kulinarischen, traditionellen Gerichten.
Im Winter kann man Langlauf- und Skikenntnisse bei der
Skischule St. Magdalena verbessern, beim Berglift auspro-
bieren oder entlang der Gsieser-Tal-Loipe das Langlauf-
wandern genießen.

Anfahrt

Von der Brennerautobahn Ausfahrt Brixen/Pustertal. Auf
der Pustertaler Staatsstraße bis nach Bruneck, Olang. Bei
Welsberg abzweigen ins Gsieser Tal.

LECHNERHOF   PRAGS

KONTAKT

Familie David Patzleiner

Außerprags 37
I-39030 Prags
Tel. +39 0474 748652
info@pragserkaese.com
www.pragserkaese.com

Öffnungszeiten
ganzjährig

Ausstattung
4 Ferienwohnungen

Hofeigene Produkte
Kuh- und Ziegenkäse, Milch,
Kartoffeln, Gemüse und Kräuter
nach Saison, Eier

„Ernähre deinen Körper mit etwas Gutem, damit deine Seele gerne in ihm wohnt!"

So lautet einer der Wahlsprüche des David Patzleiner, der mit seiner Frau Elisabeth und den Kindern Maximilian, Julius und Franziska in Prags den Lechnerhof bewirtschaftet. In seiner Vielseitigkeit ist der Hof wirklich einzigartig, denn Tier, Natur, Genuss und Kultur reichen sich andauernd die Hand. Die vier Appartements, in denen 2 bis 6 Personen wohnen können, sind in Massivholz ausgestattet und haben naturbelassene Holzböden. Brötchenservice, Milch und Produkte vom Hof kann der Gast genießen und das bei Null-Kilometer Transportweg. Dabei kann der Gast mit dem Leben, dem Alltag und der Arbeit auf dem Bauernhof, wenn er will, total auf Tuchfühlung gehen.

Die einfachen Sachen des Bauernlebens werden für viele zum echten Abenteuer: Heuernte, Kühe melken, Ziegen füttern, Kälber streicheln ist besonders für Städter Erholung und zugleich Therapie gegen Stress und die Manager-Krankheit. Der Lechnerhof ist auch am Landesprojekt „Schule am Bauernhof" engagiert. Da werden der Stall zum Klassenzimmer und die Weide zum Hörsaal, damit die Schule ihre Bodenhaftung, die Naturverbundenheit nicht verliert. Die Nelke am Knopfloch des Hofes ist die hofeigene Käserei. Auf 1200 m wird die Milch der eigenen Ziegen und Kühe zu herrlichem Rohmilchkäse. Die hauseigenen Spitzenprodukte kann man das ganze Jahr über im Hofladen erstehen; von Juni bis Oktober gibt es sie auch am Freitagvormittag auf dem „Brunecker Bauernmarkt". Besonders schmackhaft und bekömmlich ist der Frischkäse von der Kuh- und der Ziegenmilch. Topfen von Ziege oder Kuh kann in verschiedensten Kombinationen in der Küche und bei Tisch verwendet werden.

Was es sonst noch gibt

Die Krönung eines Aufenthaltes am Lechnerhof wird die märchenhafte Landschaft des Pragser Tales mit seiner Bergwelt und dem sagenumwobenen Pragser Wildsee. Vom Lechnerhof bis zum See sind es mit dem Auto nur gut 8 Kilometer. Übrigens: Die Familie Patzleiner besteht aus lauter begeisterten Skifahrern, die die Gegend wie die Westentasche kennen. Fraget und es wird euch geantwortet werden.

Anfahrt

Von Bruneck auf der Pustertaler Staatsstraße Richtung Toblach. Nach ca. 17,5 km ins Pragser Tal abzweigen und 700 m weiter Richtung Prags, dann rechts ab und ca. 600 m zum Hof.

URLAUB AUF DEM BAUERNHOF

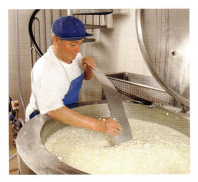

LÜCH DA PĆËI   ST. KASSIAN/ALTA BADIA

KONTAKT

Familie Marina und Luca Crazzolara

Pecei Straße 17
I-39030 St. Kassian/Alta Badia
Tel. +39 0471 849286
info@luchdapcei.it
www.luchdapcei.it
www.altabadialat.it

Öffnungszeiten
von Dezember bis Mitte April
und von Juni bis Ende September

Produkte Roter Hahn
Weich-, Frisch- und Schnittkäse
aus Kuhrohmilch, Joghurt

Leidenschaft und Herzkäse

Seit vielen Generationen wird der Hof Lüch da Pćëi von den Eigentümern bewirtschaftet und gepflegt. Man bedenke, dass das Wirtschaftsgebäude, das man heute noch sieht, genau aus dem Jahre 1576 stammt. Der neue Laufstall wurde erst 1999 oberhalb des Hofes errichtet und machte erst eine umweltfreundliche und tiergerechte Viehhaltung möglich. Im Jahr 2001 beschlossen die unternehmungslustigen Bauersleute einen Teil ihrer Milchproduktion als Käse zu verarbeiten. Die Idee erwies sich als ein brillanter Treffer und heute hat der Lüch da Pćëi neben seinem Hofladen noch zwei Geschäfte: einen in St. Kassian und einen in Corvara, da bekommt man jede Herrlichkeit, die man sich von einem Bauern erwarten kann, vom Honig bis zum Speck. Der endogene Supermotor dürfte wohl die fesche

Frau und Mutter Marina Crazzolara sein, die trotz Betrieb, Käserei, Mann und drei Kinder immer noch Energie und Zeit findet in den Betrieb etwas Neues einzubringen. Weltberühmt wurde ja der rote Herzkäse, der sogar in Übersee zu höchsten Ehren gelangt ist und beim Verkauf desselben wird jedes mal ein Spendengeld für humanitäre Zwecke in Afrika abgezweigt. In San Francisco durfte Frau Marina ihren Herzkäse der Weltprominenz vorstellen. Milch war immer schon Nahrung, Medizin und Schönheitspflegemittel. Die Käserei ist auch sehr aufwendig, erfordert viel Fleiß, Geschmack und Erfahrung. Käse machen ist eine delikate Kunst, jede Phase der Produktion muss genau beobachtet und gesteuert werden. Vom Melken der Milch bis zur Auslieferung des reifen Käses können bis zu 14 Monate vergehen. Es steckt viel Mühe dahinter, aber wenn man dann im Hofladen die feinen Laibchen sieht und die meistens elegante Verpackung, dann werden Bauer und Klient von dem feinen Käseduft belohnt, hinter dem sich viel Fleiß, Ideen und Liebe verbergen.

Was es sonst noch gibt

Das kleine Bergdorf St. Kassian liegt im Herzen der Dolomiten und ist ein beliebter Ausgangspunkt für Wanderer und Bergsteiger. In St. Martin in Thurn, dem Hauptort von Alta Badia befindet sich das Ladinische Landesmuseum. Es ist in einem alten Schloss eingerichtet, dem Ćiastel de Tor, und es informiert anschaulich über die Geschichte und Sprache Ladiniens, über Archäologie und Geologie sowie über den Tourismus und das Handwerk in dieser Region.

Anfahrt

Von Bruneck über St. Lorenzen ins Gadertal nach Stern (ca. 31,5 km). Hier links abzweigen Richtung St. Kassian. Nach ca. 2,8 km links in die Micurà-de-Rü-Straße, der man gut 400 m bis zur Soplà-Straße folgt. Auf dieser gut 100 m weiter und dann links in die Pecei-Straße zum Hof.

QUALITÄTSPRODUKTE VOM BAUERN

PFLEGERHOF   KASTELRUTH

KONTAKT

Familie Martha Gasslitter Mulser

St. Oswald 24
I-39040 Kastelruth/Seis
Tel. +39 0471 706771
Mobil +39 338 4960936
info@pflegerhof.com
www.pflegerhof.com

Öffnungszeiten
ganzjährig

Produkte Roter Hahn
Kräutermischungen und Einzel-
kräuter; Gewürze und Gewürz-
mischungen; Kräutersalz

Bio-Shopping mit Kräutern und Gewürzen ... wo alle Sinne genießen

Der Pflegerhof ist Südtirols erster Kräuterhof und liegt unterhalb von Kastelruth in St. Oswald/Seis. Der anerkannte,
biologisch arbeitende Betrieb (850 m) befindet sich weitab
von Verkehr und Abgasen. Er wird seit 1980 biologisch geführt und seit 1982 werden Gewürz- und Heilkräuter angebaut.
Die Bäuerin Martha Mulser hat sich mit Leib und Seele dem
Kräuteranbau verschrieben und zieht zusammen mit ihrer
Familie mit viel Fleiß und großem Talent über 80 verschiedene Kräuter und Gewürzpflanzen hoch, die von den Samen
bis zum erntefertigen Kraut am Hof bearbeitet werden. Die
Ernte- und Pflegearbeiten werden auf der Anbaufläche von
über 13.000 m² vorwiegend in Handarbeit durchgeführt.

Die Besichtigung des Hofes mit über 500 Kräuterarten ist eine wahre Attraktion und gleicht einem Paradies der Düfte, Aromen und Farben. Hofführungen werden von Mai bis September angeboten. Eine Terminvereinbarung ist erwünscht. Bei den Einzelkräutern gibt es alles von der Ananasminze bis zum Zinnkraut und bei den Gewürzkräutern vom Brotklee bis zum Zitronenthymian. Die große Auswahl an Kräuterteemischungen ist bei den Kunden besonders beliebt. Von fruchtig süß bis minzig erfrischend finden alle Teeliebhaber ihren Lieblingsaufguss. Neben dem belebenden Hexenzauber findet man unter anderen den Südtiroler Alpenkräutertee oder einen Aufguss für Gute Laune.

Der Anbau wird in Form von Mischkultur betrieben. Im Gewächshaus werden mehr als 500 Kräuterjungpflanzen gezogen. Man kann sie auf verschiedenen Biomärkten und auf dem Bauernmarkt in Kastelruth und Seis erstehen, doch auch der Kauf im Hofladen lohnt sich. In täglicher Kleinarbeit wird auf dem Pflegerhof dafür gesorgt, dass dem Endverbraucher diese kostbaren Produkte zur Verfügung stehen.

Was es sonst noch gibt

Bergtag statt Werktag! Wer die Seiser Alm nicht gesehen hat, kennt Südtirol nicht. Aus dem nahen Seis führt eine moderne Seilbahn auf dieses geradezu legendäre Hochplateau – was läge da näher, als der umliegenden Dolomitenwelt einmal auf Augenhöhe gegenüberzutreten? In wenigen Minuten sind die 842 Meter Höhenunterschied überwunden, und danach steht viel Zeit zur freien Verfügung. Von Kastelruth bis zur Talstation der Bergbahn in Seis sind es nur etwa 4 Kilometer.

Anfahrt

Von Brixen gut 17 km südwärts auf der Brenner-Staatsstraße bis nach Waidbruck. Dort nach Kastelruth abzweigen. Nach ca. 3 km scharf rechts, Richtung St. Oswald und der Beschilderung zum Pflegerhof folgend, weiterfahren. Auf einer schmalen Straße gelangen Sie nach ca. 4,5 km zum Hof.

QUALITÄTSPRODUKTE VOM BAUERN

NIEDRISTHOF   PERCHA

BÄUERLICHER SCHANKBETRIEB

Familie Paul und
Margareth Niederwolfsgruber

Aschbach 2
I-39030 Percha
Tel. +39 0474 401163
Mobil +39 340 1782734
www.niedristhof.it

Öffnungszeiten
ganzjährig
(6. Jan.–Mitte Feb. geschlossen)
Mo Ruhetag

Anfahrt
Von Bruneck aus Richtung Inni-
chen, bei Percha vorbei und nach
ca. 2 km links Richtung Nasen/
Aschbach abbiegen. Dort führt die
Straße rechter Hand den Berg ca.
4 km Richtung Aschbach hinauf.

Lebensmittel mit km 0

Für den Niedristhof war das 20. Jahrhundert sehr bewegt: Die zwei Weltkriege und einige Schicksalsschläge haben die Großfamilie Niederwolfsgruber arg geprüft. Aber es ist immer gut weitergegangen, denn eine Bauernfamilie mit guten Wurzeln trotzt den Unbilden einer missgünstigen Geschichte. Bereits 1973 wurde am Hof die Tradition des „Aufschenkens" begründet und daraus hat sich ein finanzielles Standbein für den Bauernhof entwickelt. An die 30 Sitzplätze finden die Gäste vor, die von kleineren oder größeren Radtouren oder Wanderungen heimkehren. Es gibt Brettljausen, Graukäse, verschiedene Knödelarten und einfache Fleischgerichte. Wesentlich dabei ist, dass die Mehrzahl der Nahrungsmittel am Hof produziert wird. Brennmaterial stammt vom eigenen Wald und die Bauersleute betreiben eine eigene Fotovoltaik-Anlage. 80 % des Energiebedarfes wird direkt am Hof erzeugt. Das ist Umweltpflege! In 1350 m über dem Meere ist der Niedristhof Ausgangspunkt für viele lohnende Wanderungen.

SCHIFFEREGGER   KIENS

Großzügige Portionen mit viel Gastlichkeit garniert

Im bäuerlichen Schankbetrieb der Frau Marsoner kann man sich allerlei kulinarische Wünsche erfüllen. Wer Lamm und Kitz liebt, der ist bei Frau Edith an der Top Adresse. Bei schönem Wetter kann man auf der Sonnenterrasse fürstlich speisen und zugleich Bergluft und Sonnenschein genießen. Der Pusterer Gaumenhimmel kommt auf seine Rechnung: Gemüsesuppe, Gerstsuppe, Speck- und Pressknödel, Erdäpfelblattlen, Schwarzplentener-Riebl, Omelettes, Kaiserschmarrn und Mehlspeisen für Schleckermäulchen, reichlich und mit viel Gastlichkeit garniert. Für Lamm, Kitz und Kalb ist Vorbestellung ratsam. Himbeer-, Holunder- und Johannisbeersaft sind immer am Hof zu haben. Gesunde Lebensmittel stiften Genuss und Lebensqualität!

BÄUERLICHER SCHANKBETRIEB

Familie Edith Marsoner

Im Peuern 8 – St. Sigmund
I-39030 Kiens
Tel. +39 0474 569509
Mobil +338 1768367

Öffnungszeiten
ganzjährig
01.03.–31.10. mittags und abends;
Winter von Fr–So und an den
Feiertagen;
Di Ruhetag
Vorbestellung erwünscht.

Anfahrt
Von Bruneck auf der Pustertaler Staatsstraße westwärts nach Kiens und weiter, bis rechts der Kahlerweg abzweigt (ca. 11,5 km von Bruneck, knapp 2 km von Kiens). Ca. 1 km weiter, bis „Im Peuren" erreicht ist, und ca. 300 m zum Hof.

St. Peter im hintersten Ahrntal

TAUFERER AHRNTAL

Urlaub auf dem Bauernhof
Voppichlhof, St. Jakob/Ahrntal   114

VOPPICHLHOF

ST. JAKOB/AHRNTAL

KONTAKT

Familie Wilfried Lechner

Koflberg 47
I-39030 St. Jakob/Ahrntal
Tel. +39 0474 652297
info@voppichlhof.it
www.voppichlhof.it

Öffnungszeiten
ganzjährig

Ausstattung
4 Ferienwohnungen

Hofeigene Produkte
Milch, Eier, Speck, Kaminwurzen,
Gemüse, Säfte, Marmeladen,
Kartoffeln, Ahrntaler Spezialitäten,
Obst, Beeren

Harmonie für das Land im Gebirge

Am Voppichlhof klingen Bauernwirtschaft und Gastlichkeit harmonisch zusammen wie in einem schönen Akkord. Die Familie Lechner ist nämlich eine sehr musikalische Familie. Bauer Wilfried ist Vollblutbauer und begeisterter Fleckviehzüchter. In seiner Freizeit ist er Tenor-Hornist bei der Musikkapelle und singt auch beim Chor mit. Sohn Michael, der schulisch in Vaters Fußstapfen tritt, spielt mit gleicher Begeisterung Schlagzeug bei der Musikkapelle St. Jakob wie mit den landwirtschaftlichen Maschinen am Hof. Tochter Angelika spielt das erste Flügelhorn bei der Musikkapelle, ist Milchlaborantin und geht den Eltern am Hof stets zur Hand. Verena besucht noch die Mittelschule, ist ausgezeichnete Flügelhorn-Bläserin und spielt sehr gerne mit den Gästekindern kreative Bastelspiele. Annemarie ist die jüngste Tochter, sie kann es mit Kätzchen und Häschen, eine Streichelzoo-Führerin. Sie spielt schon Blockflöte und Keyboard, aber hat auch schon, wie ihre Schwestern, das Flügelhorn zu ihrem Lieblingsinstrument erkoren. Reinhilde, die Bäuerin und Mutter, ist jene, die mit sanftem Taktstock das schöpferische Ensemble zusammenhält, aus Familie, Landwirtschaft und „Urlaub am Bauernhof" den Dreiklang erzeugt, der harmonisch zusammenspielt. Zu den hofeigenen Produkten gehören Milch, Eier, Speck, Kaminwurzen, Gemüse, Säfte, Marmeladen, Kartoffeln, Beeren, Obst und eigene Ahrntaler-Spezialitäten. Vom Voppichlhof aus gibt es eine ganze Reihe von Betätigungen, die im Sommer einen schönen Aktiv-Urlaub ausmachen. Im Winter liegen gleich zwei Skigebiete fast vor der Haustür: Klausberg und Speikboden. Im Sommer kann man sogar Tagesausflüge auf die eigene Alm machen. Doch wenn man über die vier neuen Ferienwohnungen mit ihrem Komfort absieht, hat man die seltene Möglichkeit den Duft der Jahrhunderte im alten Gemäuer des Kirchleins und des Altbaus zu erahnen, der über 550 Jahre alt ist.

Was es sonst noch gibt

Das Ahrntal ist vielen Besuchern besonders durch seine lange Bergbautradition ein Begriff. Diese findet sich heute, nachdem die Gewinnung des Kupfers längst eingestellt ist, in zwei Museen dokumentiert, so etwa im Schaubergwerk in Prettau. Die Grubenbahn des Bergwerks dient heute der Beförderung der Besucher ins Innere eines der Stollen. Dort wird in zwei Führungen der Arbeitsalltag der Knappen wieder lebendig. Von St. Jakob zum Museum sind es etwa 10 Kilometer.

Anfahrt

Von Bruneck nordwärts auf der Staatsstraße ins Tauferer Ahrntal und über Sand in Taufers bis nach St. Jakob (knapp 29 km). Hier links abbiegen und ca. 500 m zum Hof.

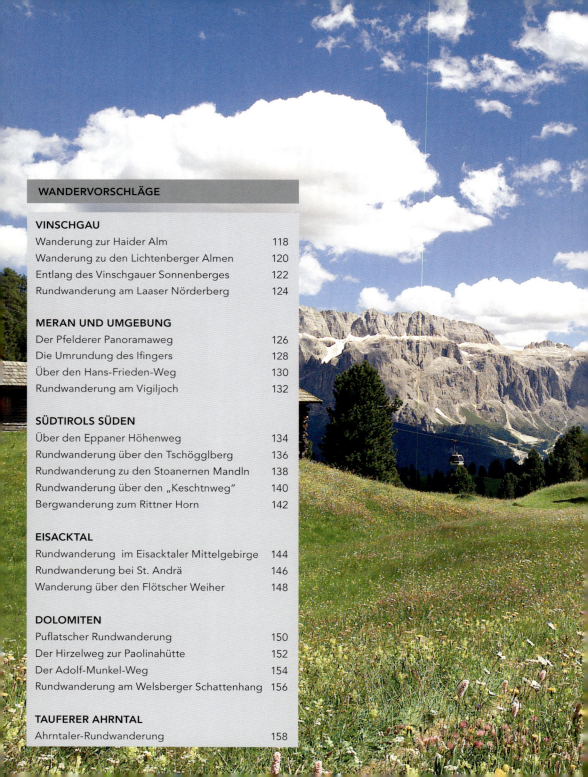

WANDERVORSCHLÄGE

WANDERUNG ZUR HAIDER ALM

TECHNISCHE DATEN

Ausgangspunkt
Fischerhäuser, 1465 m

Höhenunterschied
840 m

Strecke
14,8 km

Gesamtgehzeit
ca. 5½–6 Std.

Wegnummern-Folge
1 – 5A – 8 – 16A – 9 – 1

Vom Parkplatz bei der Kapelle kurz entlang der Straße wandern, vorbei am Hotel und weiter bis zur ersten Weggabelung. Hier rechts auf den Weg Nr. 1 abbiegen. Durch die Felder geht's bis zur Hauptstraße, neben der man ein gutes Stück entlangwandert, bis ein Feldweg zum nahen Waldrand führt. Nun links weiter auf dem Forstweg (Markierung 5B) bis zur Kreuzung mit dem Weg Nr. 8. Über diesen rechts hinauf durch den Wald bis zur Lichtung, wo auch der Fauler See (1568 m) liegt.

Immer auf dem Weg Nr. 8 bleibend, vorbei an einem Wetterkreuz, geht's bis zur Kapelle St. Martin und weiter durch das Zerzer Tal zur Bruggeralm (1918 m). Von dort steigt man über den Weg mit der Markierungsnummer 16A bis zur Haider Alm (2156 m) auf. Von hier besteht die Möglichkeit mit der Gondelumlaufbahn nach St. Valentin abzufahren. Der gehfreudige Wanderer dagegen macht sich nach einer wohlverdienten Pause an den Abstieg, der direkt von der Haider Alm über den Weg Nr. 9 in die Ortschaft St. Valentin hinunterführt. Der Markierung folgend geht's durch die Ortschaft hindurch, bis sich am Ortsende der Weg mit dem See-Rundweg Nr. 1 trifft. Am linken Ufer des Haider Sees entlang gelangt man zurück zum Ausgangspunkt Fischerhäuser.

Anfahrt

Durch den Vinschgau Richtung Reschenpass bis zum Weiler „Fischerhäuser" am Südende des Haider Sees. Von Norden über den Reschenpass, vorbei am Reschensee bis nach St. Valentin und Fischerhäuser. Parkplatz bei der kleinen Kapelle.

Der idyllische Haider See im Obervinschgau
mit Blick auf den Ortler

WANDERUNG

Wegverlauf
Fischerhäuser – Fauler See – Kapelle St. Martin – Bruggeralm – Haideralm – St. Valentin – Fischerhäuser

Charakteristik
Ausgedehnte, aber technisch einfache Bergwanderung. Von der Haider Alm besteht die Möglichkeit, mit der Kabinenumlaufbahn nach St. Valentin abzufahren, um den langen und anfangs steilen Abstieg zu vermeiden.

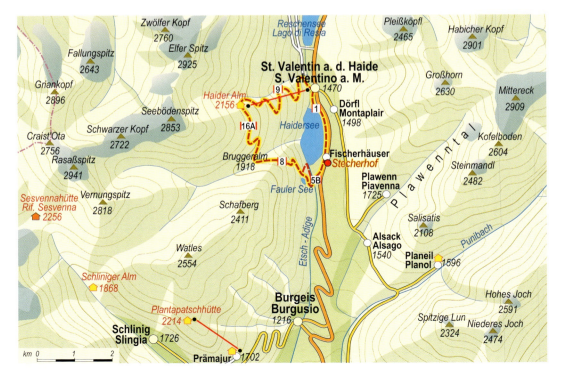

WANDERUNG ZU DEN LICHTENBERGER ALMEN

TECHNISCHE DATEN

Ausgangspunkt
Lichtenberg, 927 m

Höhenunterschied
1175 m

Strecke
16,7 km

Gesamtgehzeit
ca. 7 Std.

Wegnummern-Folge
9A – 9 – Höfeweg – 12 – 13 – 4 – 14

Vom Ortszentrum Lichtenberg wandert man hinauf Richtung Burgruine (Schloss Lichtenberg). Bei der Weggabelung aber nicht links abbiegen (Höfeweg, Nr. 14), sondern rechts auf Weg Nr. 9A weiterwandern. Nach den letzten Häusern geht's durch den Wald bis zur nächsten Weggabelung, wo sich der Weg Nr. 9A mit dem Weg Nr. 9 kreuzt. Nun über die Nr. 9 links aufwärts bis in die Nähe der Burgruine. Dort trifft man auf den Höfeweg, über den der weitere Aufstieg erfolgt. Zuerst am Waldrand entlang, dann über offene Felder weiterwandernd, erreicht man die Höfegruppe „Lichtenberger Höfe".

Ein gutes Stück wandert man entlang des Wirtschaftsweges (Höfeweg) weiter, bis man nach der letzten größeren Häuseransammlung links auf einen Forstweg abbiegt. Zuerst durch Felder, dann durch Wald wandert man weiter bis zur Schartalm (1828 m). Bei der Weggabelung kurz hinter der Alm wird auf dem Weg Nr. 13 weiter angestiegen, bis dieser beim Wetterkreuz geradeaus weiter in den Weg Nr. 4 übergeht, der schlussendlich zu den Lichtenberger Almen (2068 m) führt. Von der Alm geht's kurz zurück und dann über den Weg Nr. 14 hinunter bis in die Nähe der Burgruine Lichtenberg. Von dort über den Anstiegsweg zurück zum Ausgangspunkt.

Anfahrt

Durch den Vinschgau bis Sponding. Von dort Richtung Stilfser Joch weiterfahren bis in die Ortschaft Prad und in der Ortsmitte nach Lichtenberg abzweigen. Mehrere Parkmöglichkeiten in der Ortschaft Lichtenberg.

Die Ortschaft Lichtenberg mit der gleichnamigen Ruine und an den Hängen darüber die Lichtenberger Höfe

WANDERUNG

Wegverlauf
Lichtenberg – Schartalm – Lichtenberger Höfe – Schartalm – Lichtenberger Almen – Lichtenberg

Charakteristik
Sehr lange Wanderung mit großem Höhenunterschied.

ENTLANG DES VINSCHGAUER SONNENBERGES

TECHNISCHE DATEN

Ausgangspunkt
St. Martin im Kofel, 1736 m

Höhenunterschied
180 m im Aufstieg
1200 m im Abstieg

Strecke
11,1 km

Gesamtgehzeit
ca. 3½ Std.

Wegnummern-Folge
14 – 11 – 7

Der Bergweiler St. Martin ist Ausgangspunkt für viele Wanderrouten entlang des Vinschgauer Sonnenberges. Die Auffahrt zum Weiler St. Martin im Kofel (1736 m) mit der Pendelbahn erspart viele mühsame Höhenmeter. Der Weg verläuft in weitem Bogen Richtung Westen, vorbei an den in extremer Steillage gelegenen Bergbauernhöfen Egg (Berggasthaus, 1685 m) und Forra (1700 m). Von St. Martin wandert man auf Weg Mark. 14 zuerst fast eben, dann über den Sonnenberg absteigend bis zur Schlandersberg (1063 m). Entlang des Weges zeigt sich die außerordentliche Kargheit des Sonnenberges.

Die Ruinen der Höfe Laggar und Zuckbichl, an denen der Weg vorbeiführt, sind trauriges Zeugnis dieser kargen Welt, in der es als wirtschaftlichen Ausweg nur mehr die Abwanderung gab. Der Weg quert nach der Ruine Zuckbichl den „Vezzaner Gröben" mit dem Fallerbach und führt schließlich am aufgelassenen Gehöft Patsch vorbei. Kurz nach dem Gehöft führt der Weg Nr. 14 links hinunter, während die Nr. 11 entlang des Wirtschaftsweges Richtung Tappein Hof führt. Zuerst folgt man hier der Nr. 11, die unterhalb von Tappein in den Weg Nr. 7 mündet, über den der Wanderer die Jausenstation Fisolgut und das Schloss Schlandersberg erreicht. Von dort kurzer, steiler Abstieg nach Schlanders (Weg Nr. 7) und Rückfahrt mit dem Linienbus zur Talstation der Seilbahn.

Anfahrt
Durch das Vinschgau bis nach Latsch, Talstation Seilbahn St. Martin im Kofel. Parkplatz bei der Talstation.

Der Weiler St. Martin im Kofel am Vinschgauer Sonnenberg, am Horizont die Schweizer Grenzberge und links davon die Ortlergruppe

WANDERUNG

Wegverlauf
St. Martin im Kofel – Egg – Forra – Schlandersberg – Schlanders

Charakteristik
Auffahrt mit der Seilbahn und dann sehr langer Abstieg entlang des Vinschgauer Sonnenberges. Die Wanderung kann fast das ganze Jahr über unternommen werden.

RUNDWANDERUNG AM LAASER NÖRDERBERG

TECHNISCHE DATEN

Ausgangspunkt
Laas, 867 m

Höhenunterschied
605 m

Strecke
10,3 km

Gesamtgehzeit
ca. 3½–4 Std.

Wegnummern-Folge
5 – 5A –14 – 3B – 3 – 14

Vom Parkplatz wandert man zuerst entlang der Straße mit Mark. Nr. 5 Richtung Schlanders. Bei der ersten Kreuzung rechts abbiegen und weiter über den Weg, der vorbei an Häusern und Obstanlagen bis zum Waldrand führt (Mark. Nr. 5). Dort beginnt auch das Laaser Tal. Nun nicht direkt im Talboden weiterwandern, sondern rechts über den Weg Nr. 5 ansteigen. Nach ca. ½ Std. erreicht man die links vom Weg gelegene Kapelle zu St. Martin. Ein kurzer Abstecher dorthin lohnt sich. Weiter geht's bis zur nächsten Weggabelung, wo man rechts auf den Weg Nr. 5A abzweigt. Durch den Wald wandert man weiter, bis man auf den Weg Nr. 14 trifft. Sich rechts haltend geht's weiter bis zum Bremsberg der Marmor-Schrägbahn (1376 m). Hier beginnt der Abstieg, immer auf Weg Nr. 14, zum Weiler Parnetz (1144 m). Kurz vor der kleinen Kapelle in Parnetz trifft man erneut auf eine Weggabelung um auf dem Weg Nr. 3B weiterzu-

wandern. Man geht über Wiesen, vorbei an einer Höfegruppe, dann ein kurzes Stück durch den Wald bis zur Lichtung auf der gegenüberliegenden Seite. Ein kurzes Stück
steigt man noch ab, dann biegt man rechts und wandert
auf Weg Nr. 3 immer knapp am Waldrand entlang. Bad
Schgums wird links liegengelassen, der Weg führt vorbei
an der Schwefelquelle bis zur Kreuzung mit dem Weg Nr.
14, über den man durch Obstwiesen und zum Teil entlang
der Schrägbahn den Ausgangspunkt in Laas erreicht.

Anfahrt
Durch den Vinschgau bis nach Laas. Im Ortszentrum
(Hauptplatz mit Marmorbrunnen) beim Gasthof Krone auf
die gegenüberliegende schmale Straße abbiegen. Weiter
auf dieser Straße bis zur Etsch und über die Brücke. Gleich
nach der Brücke linker Hand Parkmöglichkeit.

Der Talschluss des Laaser Tales und der Laaser Ferner

WANDERUNG

Wegverlauf
Laas – Laaser Tal – Bergstation
Schrägbahn – Parnetz – Bad
Schgums – Laas

Charakteristik
Einfache Rundwanderung, die
in ein naturbelassenes Tal und
zugleich zu interessanten Zielen
führt.

DER PFELDERER PANORAMAWEG

TECHNISCHE DATEN

Ausgangspunkt
Pfelders, 1621 m

Höhenunterschied
605 m

Strecke
11,3 km

Gesamtgehzeit
ca. 4 Std.

Wegnummern-Folge
5 – 5A – 4 – 24

Von der Panoramatafel am Parkplatz steigt man kurz links über die Straße bis zu den ersten Häusern an. Dort gabelt sich der Weg. Der Aufstieg zur Grünbodenhütte erfolgt zuerst über den Weg Nr. 5, der die Skipiste quert. Bis zur nächsten Abzweigung wandert man, immer auf Weg Nr. 5 durch den Wald. An der nächsten Weggablung zweigt man auf Weg Nr. 5A ab, der sich, nun steiler, in Serpentinen durch den Wald schlängelt und das letzte Stück zur Hütte über die Skipiste führt.

Von der Grünbodenhütte (2004 m), wandert man entlang des Panoramaweges Nr. 4, der oberhalb der Waldgrenze verläuft, zur Faltschnalalm (1875 m). Auf dieser Strecke, die den Blick auf die vergletscherten Berge der Ötztaler Alpen freigibt, ist kaum Höhe zu überwinden und auch der Weiterweg von der Alm Richtung Lazinser Hof erfolgt hauptsächlich im Abstieg. Der Hof wird rechts liegengelassen, der Anstieg zum Zielpunkt, der Lazinser Alm (1859 m) erfolgt über den Weg Nr. 24. Nach der wohlverdienten Pause auf der urigen Alm steigt man auf dem Anstiegsweg bis zum Lazinser Hof ab. Von dort, immer auf dem Weg Nr. 24 bleibend, geht's über Almwiesen bis zum Weiler Zeppichl, durch diesen hindurch und weiter nach Pfelders zurück zum Ausgangspunkt. Wie schon anfangs erwähnt kann mit der Kombibahn zur Grünbodenhütte aufgefahren werden. Dadurch wird diese Rundwanderung über den Panoramaweg ein eher gemütlicher Ausflug.

Anfahrt

Durch das Passeiertal oder über den Jaufen und weiter über Moos nach Pfelders. Großer Parkplatz.

*Die kleine Häusergruppe der Lazinser Alm
im Pfelderer Tal*

WANDERUNG

Wegverlauf
Pfelders – Grünbodenhütte – Faltschnalalm – Lazinser Hof – Lazinser Alm – Lazinser Hof – Pfelders

Charakteristik
Einfache Rundwanderung über den Pfelderer Panoramaweg. Es besteht die Möglichkeit mit der Kombi-Bahn zur Grünbodenhütte aufzufahren und so den zu überwindenden Höhenunterschied auf ca. 200 m zu reduzieren.

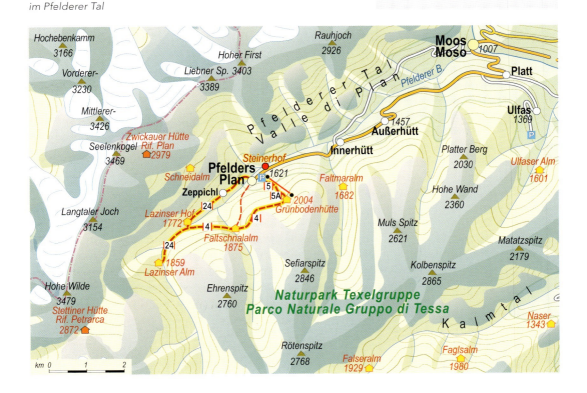

DIE UMRUNDUNG DES IFINGERS

TECHNISCHE DATEN

Ausgangspunkt
Familienalm Taser, 1450 m

Höhenunterschied
1300 m

Strecke
16 km

Gesamtgehzeit
ca. 7½ Std.

Wegnummern-Folge
40 – 16 – 19 – 19A – 3 – 18 – 18A

Von der Bergstation der Seilbahn Taser führt der Weg mit der Nr. 40, der auch als „Taser Höhenweg" angeführt ist, nach links gemütlich durch den Wald bis zur Streitweide Alm (1560 m). Eine kurze Pause ist angesagt, bevor der steile Anstieg zur Oswald Scharte in Angriff genommen wird. Fast 800 m gilt es im Aufstieg zur Scharte, der über den Weg Nr. 19 verläuft, zu überwinden. Ein kurzer Teil des Weges verläuft noch im Wald, dann ist der Wanderer im Felsenkessel hinter der Ifinger Spitze unbarmherzig der Sonne ausgesetzt.

Von der Oswaldscharte (2319 m) führt der Weiterweg, der mit der Nummer 19A gekennzeichnet ist, auf der Naturstraße hinunter Richtung Weidmannalm. Oberhalb der Alm, direkt bei der Liftstation, trifft der Weg 19A auf den Weg Nr. 3, über den weitergewandert wird. Kurz vor Erreichen des Piffinger Köpfls (Bergstation Seilbahn Meran

2000) zweigt der Weg Nr. 18 rechts zur Ifingerscharte ab (Wegschilder). Es gilt nun fast 300 m im Gegenanstieg zu überwinden. Der Weg zur Ifingerscharte (2117), m, ist besonders im letzten Teil recht anstrengend, ebenso wie der steile Abstieg auf der gegenüberliegenden Seite. Bald schon wird der Abstieg angenehmer, der Weg Nr. 18 endet schließlich bei der Ifingerhütte, 1810 m. Der Weg Nr. 8A bringt den Wanderer zurück zum Taser. Wer lieber eine kürzere Wanderung in Angriff nehmen möchte, kann auch vom Taser zur Streitweide Alm und zurück oder vom Taser zur Ifingerhütte und zurückwandern.

Anfahrt
Von Meran nach Schenna und weiter zur Talstation der Seilbahn Taser. Großer Parkplatz.

Der Ifinger – Merans Hausberg –
über der Haflinger Hochfläche

WANDERUNG

Wegverlauf
Taser – Streidweide Alm – Oswaldscharte – Ifingerscharte – Ifingerhütte – Taser

Charakteristik
Sehr lange und anstrengende
Bergwanderung, die gute Kondi-
tion, Trittsicherheit und Bergerer-
fahrung voraussetzt. Ein früher
Start ist wichtig, stabiles Wetter
ein Muss!

ÜBER DEN HANS-FRIEDEN-WEG

TECHNISCHE DATEN

Ausgangspunkt
Hochmut, 1362 m

Höhenunterschied
380 m im Aufstieg
1060 m im Abstieg

Strecke
10,2 km

Gesamtgehzeit
ca. 4½ Std.

Wegnummern-Folge
24 – 25 – 26 – Apfelweg

Die Auffahrt mit der Seilbahn zum Ausgangspunkt Hochmut gibt dem Wanderer schon einen ersten Eindruck vom Panorama, das ihn dort oben erwartet! Von der Bergstation wandert man zuerst auf der Wegmarkierung 24 zwischen den Gehöften hindurch zum Gasthaus Steinegg (1439 m) hinauf, wo der Hans-Frieden-Weg beginnt. Er führt quer durch den Südhang der Mutspitze, wobei einige exponierte Stellen gesichert sind. Der Weg ist breit angelegt, doch kein Unterfangen für Wanderer, die nicht schwindelfrei sind. Trotz der einfachen Wegführung ist Trittsicherheit angesagt! Mehr oder weniger eben führt der Hans-Frieden-Weg zur Leiteralm (1525 m). Das Panorama, das sich dem Wanderer entlang dieses Weges bietet, ist vielleicht das beeindruckendste im gesamten Meraner Raum. Bei der Leiteralm beginnt der lange Abstieg Richtung Vellau. Der Weg verläuft zum Teil recht steil aber problemlos über einen alten Plattenweg (Nr. 25) und bringt den Wanderer hauptsächlich durch Wald zur Kirche in Vellau (967 m). Für den Weiterweg wählt man den Weg Nr. 26, Richtung Dorf Tirol, der oberhalb von St. Peter vorbeiführt und bei Schloss Tirol auf die geteerte Zufahrtsstraße trifft. Weiter geht's in Richtung Ortszentrum, wobei man an der ersten großen Weggabelung (Panoramatafel – gerade aus geht es weiter zur Kirche, rechts beginnt der Falkner Weg) links abbiegt und über den Apfelweg zum Ausgangspunkt zurückwandert. Wer diese Tour etwas verkürzen möchte, kann von der Leiteralm mit dem Korblift nach Vellau fahren und spart sich so den Abstieg ins Tal.

Anfahrt
Über Meran nach Dorf Tirol, durch die Ortschaft hindurch bis zur Talstation der Seilbahn Hochmut.

Die im Wald versteckte Leiteralm

WANDERUNG

Wegverlauf
Hochmut – Leiter Alm – Vellau – Talstation Muter Seilbahn

Charakteristik
Auffahrt mit der Seilbahn und entlang eines atemberaubenden Felsenweges zur Leiteralm. Langer Abstieg zurück zum Ausgangspunkt.

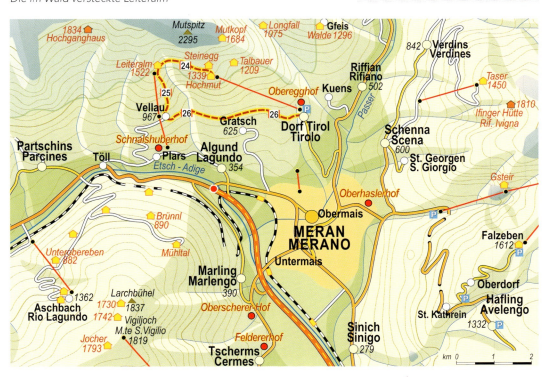

RUNDWANDERUNG AM VIGILJOCH

TECHNISCHE DATEN

Ausgangspunkt
Bergstation Sessellift Vigiljoch,
1819 m

Höhenunterschied
370 m im Aufstieg
700 m im Abstieg

Strecke
11,4 km

Gesamtgehzeit
ca. 4 Std.

Wegnummern-Folge
4 – 9 – 30 – 9A – 9 – 2 – 34B – 13

Auffahrt mit der Seilbahn zum Vigiljoch und weiter mit dem Sessellift, der direkt hinter der Bergstation der Seilbahn beginnt. Von der Sessellift Bergstation (1819 m) wandert man über den Weg Nr. 4 zum Gasthof Jocher und dem darüber gelegenen Kirchlein zu St. Vigilius. An der Rückseite des Gasthofs wandert man über die Naturstraße weiter bis zur ersten Weggabelung, dort kurz links weiter (Naturnser Alm) bis zur nächsten Weggabelung.

Über den Weg Nr. 9/30 geht es nun vorwiegend durch den Wald, bis der Weg Nr. 9 links weiterführt (nicht abbiegen). Immer auf dem Weg Nr. 30 geht es geradeaus weiter zur Naturnser Alm. Nach ausgiebiger Rast an diesem einladenden Ort erfolgt der Rückweg. Von der Alm geht's kurz auf dem Anmarschweg zurück, dann biegt man am Beginn des Waldstreifens rechts auf den Weg Nr. 9A. Am Ende einer großen Waldlichtung mündet der Weg Nr. 9A in den Weg Nr. 9, über den weitergewandert wird. Der Weg führt zunächst durch den Wald und endet bei der nächsten Weggabelung wiederum auf einer Lichtung. Hier auf dem Weg Nr. 2, der rechts abbiegt, weiterwandern bis zur Bärenbad-Alm. An dieser geht man vorbei und trifft auf den Weg Nr. 34B. Entlang des Forstweges wandert man nun abwärts, bis die Nr. 34B in den Weg Nr. 13 übergeht, der durch den Wald zur Bergstation der Seilbahn Vigiljoch führt.

Anfahrt

Von Meran oder von der MeBo-Ausfahrt Lana bis nach Oberlana zur Seilbahn Vigiljoch. Großer Parkplatz bei der Talstation.

Gasthof Jocher mit dem St.-Vigilius-Kirchlein, dahinter die Dreitausender der Texelgruppe

WANDERUNG

Wegverlauf
Bergstation Sessellift Vigiljoch – Naturnser Alm – Bärenbad – Bergstation Seilbahn Vigiljoch

Charakteristik
Einfache und gemütliche Wanderung über das Vigiljoch zur Naturnser Alm. Die Länge der Tour ist jedoch nicht zu unterschätzen. Das Vigiljoch ist autofrei, daher auch eine sehr ruhige und naturbelassene Wandergegend.

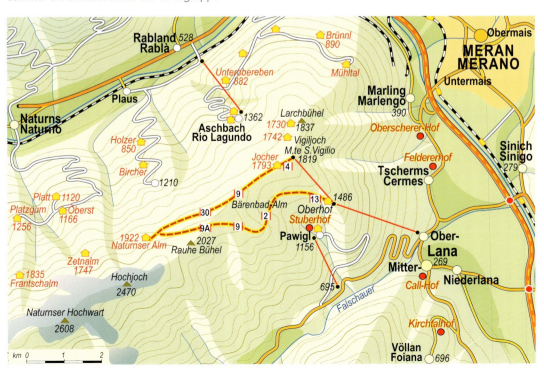

ÜBER DEN EPPANER HÖHENWEG

TECHNISCHE DATEN

Ausgangspunkt
Gasthaus Steinegger, 621 m

Höhenunterschied
550 m

Strecke
11,3 km

Gesamtgehzeit
ca. 4½ Std.

Wegnummern-Folge
7 – 9 – 546 – 8B

Diese Tour beginnt in den Eppaner Weinbergen beim Gasthof Steinegger (621 m) und führt auf dem breiten Waldweg mit der Markierung Nr. 7 nach Matschatsch (889 m) mit Blick auf das idyllisch gelegene gleichnamige Schloss.

Zurück geht's auf dem Eppaner Höhenweg, der mit der Markierung Nr. 9 versehen ist. Der Höhenweg führt durch Mischwald über die Furglauer Schlucht und später über einen breiten Waldweg zu der Einkehr in Buchwald (956 m). Von dort erfolgt der Abstieg, anfangs kurz durch Wiesen und dann weiter durch den Wald, über den Weg Nr. 546 in Richtung Kreuzstein, wo er in den Weg Nr. 8B mündet.

Zumeist am Waldrand entlang, dann wieder durch Weingärten führt dieser Weg fast eben zurück zum Ausgangspunkt beim Gasthof Steinegger. Nach der Wanderung durch diese liebliche Landschaft ist es einfach zu verstehen, warum sich schon im Mittelalter so viele Adelige in dieser Gegend ansiedelten. Heute noch sind all die Schlösser und Gutshöfe Zeugnisse aus dieser Zeit.

Anfahrt

Von Eppan vorbei an Schloss Moos hinauf zum Gasthaus Steinegger (Parkplatz).

WANDERUNG

Wegverlauf
Steinegger – Matschatsch – Eppaner Höhenweg – Buchwald – Kreuzstein – Steinegger

Charakteristik
Gemütliche, aber relativ lange Wanderung ohne allzu große Höhendifferenz, die zwischen Wald und Reben verläuft.

Die Großgemeinde Eppan mit der markanten Felsformation des Gantkofels, dem Wahrzeichen des Etschtales

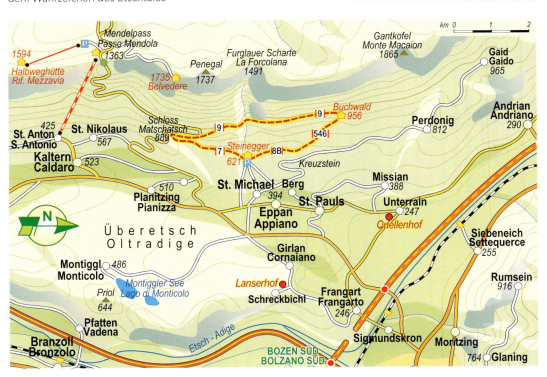

RUNDWANDERUNG ÜBER DEN TSCHÖGGLBERG

TECHNISCHE DATEN

Ausgangspunkt
Bergstation Seilbahn Mölten,
1025 m

Höhenunterschied
800 m

Strecke
15,2 km

Gesamtgehzeit
ca. 5½ Std.

Wegnummern-Folge
2 – 4 – 4B – 12A – 1 – 4 – 1

Von der Bergstation der Seilbahn (1025 m) wandert man über den Weg Nr. 2 in leichtem Auf und Ab, vorbei am Paulschuster Hof, bis zur Ortschaft Versein (1048 m). Nach Erreichen der ersten Häusergruppe führt der Weg entlang der Hauptstraße bis zur nächsten Häusergruppe, wo nach links der Weg mit der Markierung Nr. 4 abzweigt. Diesem folgt man bis der Weg Nr. 4B nach rechts abzweigt.

Auf diesem weiterwandern. Kurz vor dem Gehöft Gstrein gabelt sich der Weg erneut. Die Nr. 12 und später 12A führt links hinauf zum Hochmoor „Tammerle Moos". Ab hier wird der Weg Nr. 12A auch als „Rundweg Langfenn" angeführt und mündet schließlich in den Europäischen Fernwanderweg E5 (Wegmark. Nr. 1), der zur Langfenn (1528 m) führt.

Nach wohlverdienter Rast steigt man über den E5 (Wegmark. Nr. 1) geradeaus weiter zum Parkplatz Schermoos ab. Weiter geht's über den Weg Nr. 4, der zuerst durch den Wald und zum Schluss über Wiesen ins Zentrum von Mölten (1146 m) führt.

Anfahrt
Über die MeBo (Schnellstraße Meran–Bozen), Ausfahrt Vilpian. Weiter in die Ortschaft und über die alte Landstraße zur Seilbahn nach Mölten. Parkplatz bei der Talstation.

WANDERUNG

Wegverlauf
Bergstation Seilbahn Mölten – Versein – Tammerle Moos – Langfenn – Mölten – Bergstation Seilbahn Mölten

Charakteristik
Lange Wanderung, die durch die einzigartigen Lärchenwiesen des Saltens zum eindrucksvollsten Punkt auf dem Tschöggelberg führt – der Langfenn.

Das Kirchlein von St. Jakob auf Langfenn am Salten, dahinter die Langkofelgruppe und das Schlernmassiv

RUNDWANDERUNG ZU DEN STOANERNEN MANDLN

TECHNISCHE DATEN

Ausgangspunkt
Putzen, 1460 m

Höhenunterschied
550 m

Strecke
10 km

Gesamtgehzeit
ca. 3½ Std.

Wegnummern-Folge
5 – 23 – 23A – 28 – 23A – 23 – 5

Rechts vom Stadel des Oberputzerhofes (Gatter, Fahrverbotstafel) folgen wir dem breiten Weg durch die Wiese hinauf zum Wald. Der Weg Nr. 5 führt dort südwestwärts ansteigend zum Putzenkreuz (1630 m, Wallfahrtskirchlein und Jausenstation); Gehzeit ½ Std. Wir folgen weiterhin der Forststraße, bei der ersten Abzweigung folgen wir der Nr. 23 rechts, durch Lärchenwiesen nordwestwärts ansteigend, bis zu einer Alm auf 1770 m. Die markierte Steigspur führt nun links, westwärts, unweit vom Zaun im Hochwald- und Weidegelände zum Sattel am oberen Ende der eingezäunten Almwiesen auf 1900 m; Gehzeit 1 Std.

Ein guter Steig führt durch Alpenrosenbüsche rechts an einer Anhöhe entlang nach Westen, Zaun und Gatter, dann nordwärts leicht absteigend zu einem Sattel (1895 m). Nun im Hochwald über den steinigen Südosthang ansteigend, erreichen wir die erste Gruppe von Steinmännchen und kurz darauf den höchsten Punkt der Hohen Reisch/ Stoanerne Mandln (2003 m); Gehzeit ca. ½ Std. In südlicher Richtung über den Grasrücken absteigend, folgen wir dem Weg Nr. 23A, dann rechts Weg Nr. 28 und erreichen so die Jausenstation Möltener Kaser (1763m); Gehzeit ca. ½ Std. Der Rückweg, meist Forststraße, führt ostwärts mit der Nr. 28/23A, zwei Talmulden ausgehend, zurück zum Anstiegsweg Mark. 23, über das Putzenkreuz erreichen wir den Ausgangspunkt; Gehzeit ca. 1½ Std.

Anfahrt

Von Sarnthein westwärts zur Auener Höfestraße, dort links abzweigend (Hinweis), auf schmaler Asphaltstraße am steilen Waldhang kurvenreich zum Bergweiler Putzen (Privatparkplatz).

WANDERUNG

Wegverlauf
Putzen – Putzenkreuz – Almsattel – Stoanerne Mandln – Auener Joch – Möltener Kaser – Putzenkreuz – Putzen

Charakteristik
Der flache Bergrücken mit Wetterkreuz ist ein viel besuchter Aussichtspunkt zwischen Sarnthein und den Hochflächen des Tschögglberges. Die bescheidene Anhöhe mit den vielen Steintürmchen wird treffend „Stoanerne Mandln" genannt.

Die „Stoanernen Mandln" oberhalb der Möltner Kaser

RUNDWANDERUNG ÜBER DEN „KESCHTNWEG"

TECHNISCHE DATEN

Ausgangspunkt
Bahnhof Klobenstein, 1188 m

Höhenunterschied
400 m

Strecke
15 km

Gesamtgehzeit
ca. 4½ Std.

Wegnummern-Folge
1 – 35A – 24 Pyramidenweg – 8 –
9 – Keschtnweg – 12 – 18

Mit Weg Nr. 1 im Ortsbereich zum Gasthof Rittnerstube, dort auf Steig Nr. 35A am Waldrand ostwärts zur Straße bei Lengmoos. Auf der Straße weiter zum Gasthof Erdpyramiden und auf dem Pyramidenweg Nr. 24 durch den Graben an den Erdpyramiden entlang nach Maria Saal.

Weiter auf Weg Nr. 8 zum Roan und auf Fahrweg zum Haidgerberhof. Hier auf Steig Nr. 9 am Waldrand hinab nach Lengstein (970 m); Gehzeit 1½ Std. Auf Steig in Richtung Köblbach zum Frankner absteigend erreichen wir den Keschtnweg, dieser führt im Bachgraben am Vigl vorbei, durch den ausgeprägten Finsterbach-Graben zum Joggum und weiter zum Schmaleich auf 950 m; Gehzeit 1 Std. (hier führt der Weg Nr. 21 in ½ Std. hinauf nach Klobenstein)

Der Keschtnweg führt abwärts zum Rieser und durch den Siffianer Bachgraben nach Leitach (826 m). Oberhalb der

Ruine Stein entlang wird der Stegbach-Graben zum gegenüber liegenden Tasenegger durchquert. Am Melterer und
Blümler vorbei wird der Gasterer Graben (Erdpyramiden)
erreicht. Nun führt der Steig hinauf zum Hinterhuber und
auf Fahrweg nach Unterinn (900 m); Gehzeit 1½ Std. Der
Troidner Hof liegt an der Hauptstraße etwas westlich der
Ortschaft. Ab Unterinn führt der Weg Nr. 12 in den Feldern
hinauf zur Straße nach Wolfsgruben. Am See vorbei erreichen wir den Gasthof Drei Birken und die Bahnhaltestelle
Wolfsgruben (1210 m); ca. 1 Std. Rückfahrt mit der Bahn
nach Oberbozen und mit der Seilbahn nach Bozen.

Anfahrt
Von Bozen mit der Rittner Seilbahn und mit der Rittner
Schmalspurbahn von Oberbozen nach Klobenstein.

WANDERUNG

Wegverlauf
Klobenstein – Lengmoos – Erdpy-
ramiden – Maria Saal – Lengstein –
Keschtnweg – Leitach – Unterinn –
Wolfsgruben

Charakteristik
Eine der vielen Wanderungen
im Wegenetz am Ritten mit
besonderer Einbeziehung des
„Keschtnweges".

Der kleine Weiler Maria Saal auf dem Rittner Hochplateau

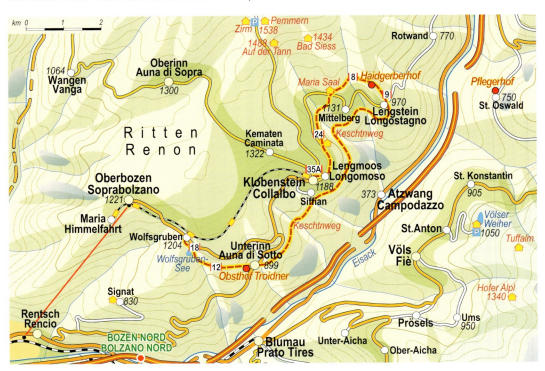

BERGWANDERUNG ZUM RITTNER HORN

TECHNISCHE DATEN

Ausgangspunkt
Parkplatz Huberkreuz, 1590 m

Höhenunterschied
670 m

Strecke
11 km

Gesamtgehzeit
ca. 3½– 4 Std.

Wegnummern-Folge
4 – 1 – 15 – 4

Nach kurzer Strecke auf dem Forstweg führt die Nr. 4 auf Steig rechts im Hochwald in mäßiger Steigung westwärts zur Sisserkaser (1807 m). Kurz darauf, nach einer neuen Hütte, erreicht man die Neuhäuslhütte (ex Jausenstation). Etwas oberhalb, bei einer Privathütte, Hinweis und Gatter, führt der Weg Nr. 4 durch eine Wiese südwärts und am unteren Rand einer Weidefläche entlang zu einer Sennhütte. Nach Querung von zwei im Porphyrfels verlaufenden Bachgräben erreicht man die Barbianer Almfläche und die Latschenfelder am Nordostabhang des Berges (2000 m); Gehzeit ca. 1½ Std. Der Steig führt links (Gatter) durch Latschenbüsche zu einem Erosionsgraben, dann zur Hangterrasse unterhalb der felsig abfallenden Gipfelhochfläche. Über eine kurze Steilstufe erreicht man das Schutzhaus am Gipfel des Rittner Horns (2259 m); Gehzeit ca. 1 Std. (Das Rittner Horn wird auf der Eisacktaler Seite auch Barbianer

Horn genannt). Abstieg südwärts auf Weg Nr. 1 zum Unterhornhaus (2024 m), man folgt hier dem Höhenweg Nr. 15,
er führt an der Waldgrenze entlang, dann im Hochwald
absteigend zu einer Latschenbrennerei (1858 m), nach
dem Kaserbach-Graben ostwärts zur Sisserkaser, wo wir
dem Anstiegsweg Nr. 4 zum Ausgangspunkt folgen; Gehzeit ca. 1½ Std.

Anfahrt
Waidbruck – Barbian – Parkplatz Huberkreuz 12,5 km. Die
asphaltierte Bergstraße zweigt südlich von Barbian von
der Straße nach Saubach rechts ab, führt zu den Berghö-
fen und am steilen Waldhang zum Parkplatz.

*Das Rittner-Horn-Haus mit Blick aufs Villnößtal
und den Geislerspitzen*

WANDERUNG

Wegverlauf
Huberkreuz – Sisserkaser – Bar-
bianer Alm – Rittner-Horn-Haus –
Unterhornhaus – Höhenweg –
Sisserkaser – Huberkreuz

Charakteristik
Eine sehr empfehlenswerte,
landschaftlich interessante, mäßig
steile und nicht lange Bergwanderung. Der Weg Mark. 4 kann als
der landschaftlich schönste Anstieg zum Rittner Horn bezeichnet
werden.

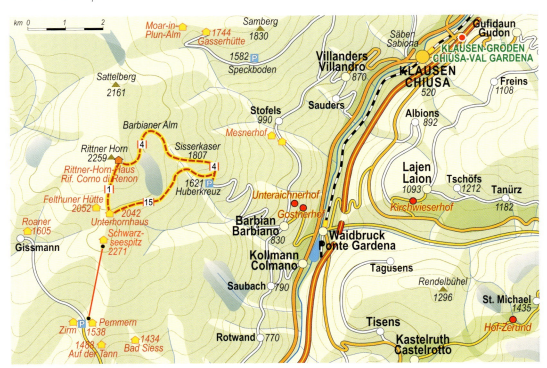

RUNDWANDERUNG IM EISACKTALER MITTELGEBIRGE

TECHNISCHE DATEN

Ausgangspunkt
Schnauders, 1035 m

Höhenunterschied
380 m

Strecke
13 km

Gesamtgehzeit
ca. 3½ Std.

Wegnummern-Folge
18 – 9 – 8A – 10 – Keschtnweg –
11 – 12 – 12A

Im schön gelegenen Bergdorf Schnauders (1035 m), der Oberhauserhof liegt am oberen Ortsende, folgen wir weiterhin der Asphaltstraße mit der Mark. Nr. 18, diese führt zum Mühlbach-Graben und am Hang gegenüber ansteigend zum Vös-Kirchlein in Oberschnauders (1135 m) und dort weiter leicht ansteigend zum Weiler Stilums (1199 m). Hier führt eine Forststraße Nr. 9 durch Feld und Wald, immer nordwärts leicht ansteigend weiter zur ausgeprägten Bergfalte des Bärenbachs und gegenüber am Sonnenhang von Gereuth zum Stocknerhof (1250 m); Gehzeit 1½ Std. Der Moarhof liegt etwas tiefer am Hang. Nun folgen wir der Höfestraße abwärts bis zur ersten Kehre, der Steig Nr. 8A zweigt dort links ab und führt am Zöhrehof vorbei zum etwas tiefer gelegenen Gasthaus Plonerhof (1063 m). Weiter durch Wiesen und Wald absteigend gelangen wir nach Tils (886 m); Gehzeit ½ Std. Beim Schulhaus in Tils führt die Nr. 10 rechts von der Hauptstraße abzweigend, auf der in den Feldern südwärts verlaufenden Panoramastraße zur Jausenstation Saderhof (901 m) und weiter, nun auf dem Keschtnweg, zum Weiler Tötschling (920 m). Beim Gfaderhof, dem letzten Haus, führt der Weg Nr. 11 zwischen Wohnhaus und Stadel rechts ansteigend zum bewaldeten Wöhrgraben und zum nahen Wöhrmannhof-Jausenstation (890 m). Der Weg Nr. 11 führt in Richtung Feldthurns weiter, wir zweigen beim Mühlbachgraben mit Nr. 12 rechts ab, wechseln bei einem Bildstock mit Weg Nr. 12A zum Gegenüberhang und erreichen ansteigend den Ausgangspunkt in Schnauders; Gehzeit 1½ Std.

Anfahrt

Von Klausen nach Feldthurns und weiter nach Schnauders 5 km.

Kirchlein oberhalb von Feldthurns

WANDERUNG

Wegverlauf
Schnauders – Oberschnauders – Stilums – Gereuth – Tils – Tötschling – Schnauders

Charakteristik
Eine abwechslungsreiche Wanderung zu den stillen Weilern im westlichen Eisacktaler Mittelgebirge, mit Einbeziehung des „Keschtnweges".

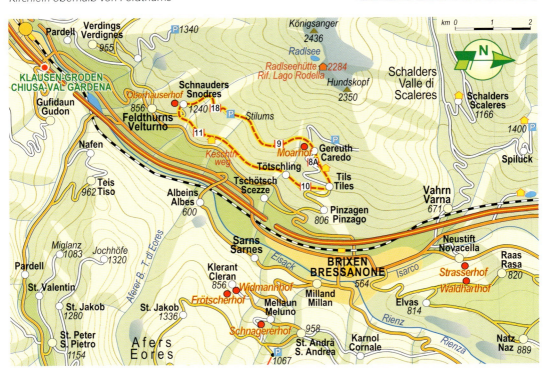

RUNDWANDERUNG BEI ST. ANDRÄ

TECHNISCHE DATEN

Ausgangspunkt
Parkplatz nahe der Kirche von
St. Andrä, 961 m

Höhenunterschied
110 m

Strecke
5 km

Gesamtgehzeit
ca. 2 Std.

Wegnummern-Folge
St. Andrä-Rundweg (ehemals
Mark. 18) – 7 – 12

Man folgt anfangs dem Gehsteig entlang der Plosestraße ansteigend bis zur ersten Straßenabzweigung rechts, diese Straße führt zum Hof im Lamplgraben. Ein Feldweg führt dort zum Schatthang und im Wald anfangs ansteigend, nach einer steilen Wiese südwärts zu einem Forstweg und zur eben verlaufenden, wenig befahrenen Obermellauner Höfestraße. Wir folgen dieser, sie führt am nahen Gemongererhof (1002 m) vorbei südwärts durch die Felder, nach einem Bachgraben zum Schnagererhof und nach dem nächsten Bachgraben zum Frötscherhof.

Nach der Kehre unterhalb der Häsergruppe beim Frötscher zweigt man von der nordwärts nach Mellaun führenden Straße links (Hinweis) auf einen Fahrweg ab, dieser führt im Wald steiler hinab nach Klerant (856 m); Gehzeit 1 Std. Etwas unterhalb, am Ortsanfang befindet sich der Widmannhof. Ab Gasthof Fischer folgen wir der Nr. 12, auf einem Feldweg leicht ansteigend und links einem Acker entlang zum bewaldeten Bachgraben; dann wieder durch die Felder weiter nach Mellaun (904 m). Auf der Dorfstraße abwärts, bei den untersten Häusern rechts, gelangen wir zum Mellauner Kirchlein. Ein Feldsteig führt dort nach Norden zur Plosestraße, die überquert wird (Lücke in der Leitplanke). Weg Nr. 12 führt zur Häusergruppe unterhalb der Straße und auf Feldweg gegenüber wieder ansteigend, nach Überquerung der Plosestraße nach St. Andrä zurück; Gehzeit 1 Std..

Anfahrt

Von Brixen nach Milland und auf der Plosestraße nach St. Andrä, 7 km.

Die Ortschaft St. Andrä oberhalb von Brixen,
Ausgangspunkt für viele Wanderungen auf der Plose

WANDERUNG

Wegverlauf
St. Andrä – Obermellaun – Frötscher – Klerant – Mellaun – St. Andrä

Charakteristik
Eine der gemütlichen Wanderungen im östlichen Mittelgebirge von Brixen. Interessanter Wegverlauf mit vielen schönen Ausblicken nach Westen zu den Sarntaler Alpen und nach Norden zum Zillertaler Hauptkamm.

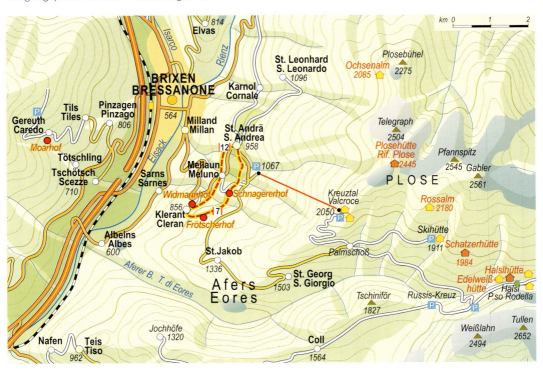

WANDERUNG ÜBER DEN FLÖTSCHER WEIHER

TECHNISCHE DATEN

Ausgangspunkt
Neustift 594 m;
Parkplätze beim Brückenwirt

Höhenunterschied
300 m

Strecke
11 km

Gesamtgehzeit
ca. 3–3½ Std.

Wegnummern-Folge
4 – 2/4 – 2 – 5A – 5 – 1 – 6 – 4/2 – 4

Wir folgen der Dorfstraße zum östlich am Hang liegenden Ortsteil, Nr. 4 führt in etwas gewundenem Verlauf durch die Siedlung und steigt dann durch Weingärten, rechts am Strasserhof vorbei, über Unterrain hinauf nach Raas (820 m), der Waldharthof liegt im südlichen Ortsteil. Man folgt der Dorfgasse bei der Kirche ostwärts, der Nr. 2/4 bis zur Abzweigung des Feldweges mit der Mark. Nr. 2 rechts, dieser führt zwischen Obstanlagen und Wald nordwärts zur Straße nach Natz, Hotel Seehof am Flötscher Weiher. Wir folgen kurz der Straße nach Osten, zweigen auf den ersten Weg links mit Mark. Nr. 5A ab. An der Wegverzweigung in einer Senke führt der Weg links zum nahen Weiler Viums. Wir folgen dem Weg rechts mit der Mark. Nr. 1, dieser führt am Sumpfsee Samesirs (Biotop) südwärts zur Dorfstraße von Natz (889 m); Gehzeit ca. 1½ Std. Südlich nach der Ortschaft zweigt man mit Weg Nr. 1 wieder links von der

Hauptstraße ab, ein Feldweg führt in den Obstanlagen zum Sumpfgebiet Laugensee (geschütztes Biotop). Wir folgen nun Weg Nr. 6 nach Westen zur Hauptstraße und dieser nordwärts zur Verzweigung und erreichen dort nach etwa hundert Schritten auf der Fahrbahn links eine Feldeinfahrt. Hier westwärts abzweigend erreichen wir die Anhöhe mit einem Wasserspeicher. Weg Nr. 6 führt nun im Mooswald abwärts zum Raiermoos (Sumpfsee, geschütztes Biotop mit seltenen Vogelarten). Wir folgen dem Wirtschaftsweg zum Moserhof und dort der Straße westwärts nach Raas. Nun auf dem schon bekannten Weg Nr. 4 über Unterrain absteigend, erreichen wir Neustift; Gehzeit 1½ Std.

Anfahrt
Von Brixen nach Neustift, 3 km (Autobuslinien), ab Autobahnausfahrt Brixen/Pustertal, 5 km.

Kloster Neustift bei Brixen

WANDERUNG

Wegverlauf
Neustift – Unterrain – Raas – Flötscher Weiher – Natz – Laugen – Raiermoos – Raas – Neustift

Charakteristik
Die Hochfläche von Natz-Schabs bietet ein weites, meist ebenes, abwechslungsreiches Wandergebiet.

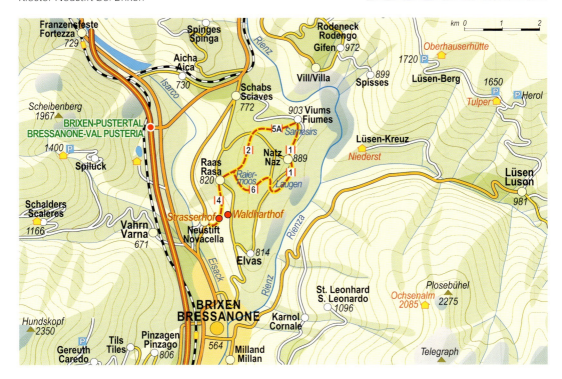

PUFLATSCHER RUNDWANDERUNG

TECHNISCHE DATEN

Ausgangspunkt
Parkplatz Eurotel, 1850 m

Höhenunterschied
320 m

Strecke
7 km

Gesamtgehzeit
ca. 2½ Std.

Wegnummern-Folge
14 – Puflatschrundweg – 14

Ab Bergstation folgen wir der Straße zum Eurotel und links ansteigend, Nr. 14, weiter bis oberhalb dem Haus Dibaita (ehemals AVS-Puflatschhütte). Dort rechts abzweigend, führt der Puflatschrundweg nordwestwärts, dann nordwärts durch welliges Wiesengelände zur Arnikahütte-Jausenstation (2061 m); Gehzeit ca. 1 Std. Der Steig mit der Mark. Nr. 24 führt am Hang nordwärts ansteigend zum Goller Kreuz (2104 m) – Aussichtspunkt mit Tiefblick auf Kastelruth.

Wir wandern über die flache Kammhöhe nordostwärts weiter, an den sagenumwobenen „Hexenbänken" aus Porphyrgestein vorbei zum Höchstpunkt des Puflatsch mit den 2174 Metern; Gehzeit ca. ½ Std. Nun ostwärts leicht absteigend, folgen wir dem Zaun bis zum Fillner Kreuz (2130 m) – Aussichtspunkt mit Tiefblick in das Grödner Tal und auf St. Ulrich.

Der Rückweg Nr. 14 führt auf breitem Weg südwärts zum Puflatschlift-Bergstation-Restaurant (2118 m). In den Wiesen westlich der Bergstation führt ein Steig weiter, die Kehre der Straße abkürzend, teils über Stufen absteigend, gelangen wir zurück zum Haus Dibaita und auf der Straße zur Bergstation der Bahn; Gehzeit 1 Std.

Anfahrt
Von Waidbruck im Eisacktal auf der Bergstraße zur Kastelruther Hochfläche, an der Verzweigung rechts nach Seis und kurz weiter zur Talstation der Seiser-Alm-Bahn, 10 km. Auffahrt nach Compatsch mit der Kabinenumlaufbahn.

Der Höhenrücken des Puflatsch mit Blick auf die Sellagruppe, den Lang- und Plattkofel

DER HIRZELWEG ZUR PAOLINAHÜTTE

TECHNISCHE DATEN

Ausgangspunkt
Lift-Bergstation –
Paolinahütte, 2125 m

Höhenunterschied
Anstieg 240 m
Abstieg 760 m

Strecke
11,5 km

Gesamtgehzeit
ca. 4 Std.

Wegnummern-Folge
539 – 549 – 1 – 15 – 16 – 1A – 9 – 6

Der Steig Nr. 539 führt anfangs an steilen Grashängen entlang nach Norden und erreicht nach Querung einiger Wildbachgräben das Kar unterhalb der Rotwand, hier wird der steile Steig Nr. 9 zum Vajolonpass überkreuzt. Nach dem Kammvorsprung Ratschigleregg mündet der Steig in den höher verlaufenden, breiter angelegten Hirzelweg Nr. 549.

Mit unwesentlichem Höhenunterschied wandern wir im Kar entlang, abschließend auf breitem Weg, auch Nr. 1, ansteigend zur Kölner Hütte (2339 m); Gehzeit ca. 1½ Std. Im Abstieg folgen wir dem breiten Anstiegsweg Nr. 1, dieser zweigt vom Hirzelweg rechts ab und führt zum ausgeprägten, nach Westen weisenden Kammrücken.

Dort zweigt der Steig Nr. 15 links ab, an der Steigverzweigung im Bereich einer Liftstation folgen wir dem Steig Nr. 16 wieder links, dieser verläuft am Kamm südwestwärts zum Gasthaus Jolanda (1744 m), Gehzeit ca. 1 Std.. Wir folgen nun dem Weg Nr. 1A, der oberhalb der Straße entlang südwärts bis zum Steig Nr. 9 führt, und diesem am Bachgraben entlang rechts abwärts zum Gasthaus Moseralm (1580 m); Gehzeit ca. 1 Std. Der Weg Nr. 9 führt links vom Bach weiter, wir folgen dann der links abzweigenden Straße, Mark. 6 führt uns dort zur Siedlung Karersee und zu Talstation des Paolina-Sessellifts zurück; Gehzeit ca. 1 Std.

Anfahrt

Im Eggental nach Welschnofen und weiter bis zur Karersee-Siedlung, Talstation des Paolina-Sessellifts (1620 m). Auffahrt mit dem Doppelsessellift.

Die Paolinahütte am Fuße des Rosengartens, in der Bildmitte die überhängende Westwand der Rotwand

WANDERUNG

Wegverlauf
Karersee – Paolinahütte – Hirzelweg – Kölner Hütte – Gasthaus Jolanda – Moseralm – Karersee

Charakteristik
Der Hirzelweg verläuft an den Abhängen des Rosengartenkammes als Verbindungsweg zwischen den Hütten. Anfangs am Grashang, dann im Kar, mit freier Panoramasicht nach Westen, führt der vormittags etwas schattige, nachmittags sehr sonnige, hier empfohlene Höhenweg nordwärts, teils ansteigend zur Kölnerhutte.

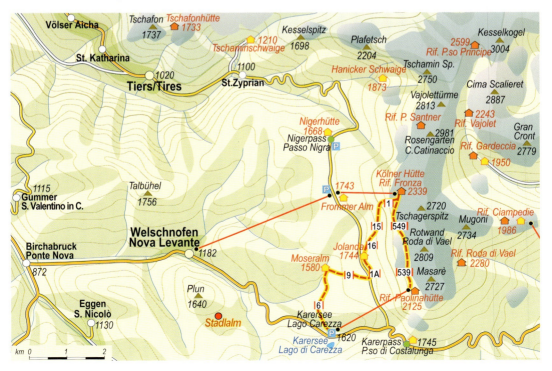

DER ADOLF-MUNKEL-WEG

TECHNISCHE DATEN

Ausgangspunkt
Parkplatz Ranui, 1375 m

Höhenunterschied
640 m

Strecke
11 km

Gesamtgehzeit
ca. 4–4½ Std.

Wegnummern-Folge
33 – 36 – 35A – 35 – 29 – 28

Wir beginnen die Wanderung auf der ostwärts am Bach entlang ansteigenden Rodelbahn, im oberen Teil führt Weg Nr. 33 auf einer Forststraße zur Zanser Alm (1685 m); Gehzeit ca. 1½ Std. Wir folgen weiterhin dieser im Wald südostwärts ansteigenden Straße mit der Mark. Nr. 36, dann 35A bis zur Brücke über den Tschantschenonbach (1868 m); Gehzeit ca. ¾ Std. (die Straße führt dort weiter zur Gampenalm). Kurz vor der Brücke zweigt rechts der Adolf-Munkel-Weg mit der Mark. Nr. 35 ab.

Der Steig verläuft etwas an- und absteigend im Hochwald an der Naturparkgrenze entlang nach Westen. Zur linken liegt das steile Geislerkar, darüber aufragend, die bis zu 1000 Meter hohen Nordwände. Bei einem kleinen Boden zweigt rechts ein Steig zum Berggasthof Glatschalm ab. Weiter westlich, bei einem Sattel (2015 m), dem Höchstpunkt des Weges, zweigt ein Steig rechts zu den Einkehrhütten Gschnagenhardt- und Geisleralm ab. Der Höhenweg führt dort links abwärts in die Mulde unter dem großen Kar, das von der Mittagsscharte heranzieht. Weiter absteigend, folgen wir dem Steig Nr. 29 der etwas steil in das Broglestal zum Forstweg Nr. 28 hinabführt, auf dem wir in ca. 2–2½ Std. den Ranui-Parkplatz erreichen.

Anfahrt

Ins Villnösser Tal nach St. Magdalena, in der Straßenzweigung nach der Ortschaft kurz rechts weiter zum Parkplatz am oberen Rande der Ranui-Wiesen, im Wiesengrund die St.-Johann-Kapelle (Ranui-Kirchlein). Der Ranuihof liegt nahe am Hotel Ranuimüller.

Das Ranui-Kirchlein vor der markanten Kulisse der Geislerspitzen

WANDERUNG

Wegverlauf
Ranui – Zanser Alm – Tschantschenon-Brücke – Adolf-Munkel-Weg – Broglestal – Ranui

Charakteristik
Dieser berühmte Höhenweg im Villnösser Talschluss führt in eindrucksvoller Landschaft im Zirbenhochwald zwischen Alpenrosenfeldern und großen Felsblöcken entlang. Der Nahblick zu den schattigen, unnahbaren Nordwänden der Geislerspitzen ist sehr beeindruckend, ein Bild das nicht leicht zu vergessen ist.

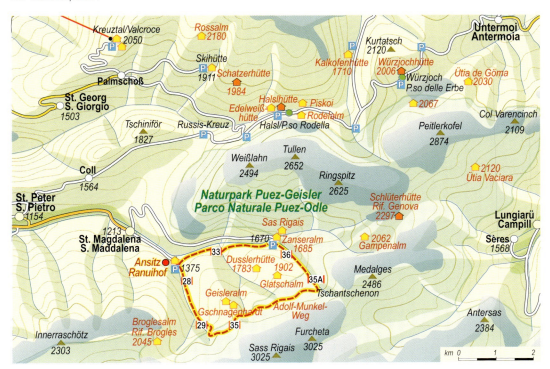

RUNDWANDERUNG AM WELSBERGER SCHATTENHANG

TECHNISCHE DATEN

Ausgangspunkt
Welsberg, 1087 m

Höhenunterschied
950 m

Strecke
13 km

Gesamtgehzeit
ca. 4–4½ Std.

Wegnummern-Folge
39 – 57 – 35 – 35A – 2

Im Bahnhofbereich bei der Verzweigung zum neuen Tunnel folgen wir der Straße zum Weiler Ried (Hinweise), auch Nr. 39. Oberhalb der Ortschaft, nach einigen Kehren, zweigt links der Weg Nr. 57 ab und führt am Plunhof vorbei ansteigend zum Gasthof Walde (1405 m); Gehzeit ca. 1 Std. Am oberen Wiesenrand führt die Nr. 57 weiter.

Nach kurzer Strecke auf der Forststraße folgt man dem bezeichneten Waldweg rechts, südwestwärts bergan. Teils auf breiterem Weg, teils auf Steig, erreichen wir nach mehrmaliger Überquerung von Forststraßen die ausgeprägte nördliche Bergkante. Ein kurzer, steiler Anstieg an einem Zaun entlang führt zur Anhöhe des Brunstriedl (1999 m); Gehzeit ca. 1 Std. (Antennenanlage). Weg Nr. 57 führt nahe am Zaun durch die lange Kammwiese zur Steigverzweigung am östlichen Ende (Hinweise). Wir folgen weiterhin der Kammlinie, nun Nr. 35 nach Osten.

Der Steig führt über den markanteren Kamm abwärts zu einem Sattel (1849 m) und hier nordwärts, teils steil absteigend zu Tal. Wir folgen dem Steig Nr. 35A, der über einen Hügel auf der Kammlinie des Pragser Berges weiter verläuft und nach längerer Strecke den Weg Nr. 2 kreuzt (1592 m); Abstieg ca. 1 Std. Hier dem ebenen Weg Nr. 2 folgend, wird der Bergrücken zur Nordseite umrundet. Auf rechts abzweigendem Steig gelangen wir in steilem Abstieg zum Goalahof-Jausenstation (1231 m). Der Kirchsteig führt weiter bis Bad Waldbrunn, wo die Straße nach Welsberg verbindet; Gehzeit ca. 1 Std.

Anfahrt

Anfahrt von Bruneck im Pustertal nach Welsberg, 17 km, Parkmöglichkeiten je nach Verfügbarkeit im Ortsbereich.

Schloss Welsperg und im Hintergrund der Dürrenstein

WANDERUNG

Wegverlauf
Welsberg – Ried – Walde – Brunstriedl – Pragser Berg – Goalahof – Bad Waldbrunn – Welsberg

Charakteristik
Eine ausgedehnte Wald- und Höhenwanderung am Welsberger Schattenhang, ein absolut bewaldetes Wandergebiet. Die Route bietet auch Möglichkeiten für längere und kürzere Varianten.

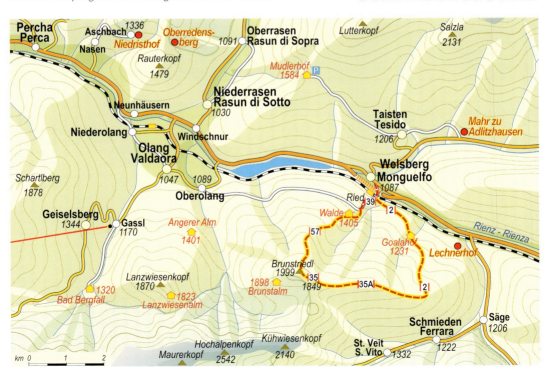

AHRNTALER-RUNDWANDERUNG

TECHNISCHE DATEN

Ausgangspunkt
Abzweigung Nr. 5A im Wald östlich vom Voppichlhof

Höhenunterschied
700 m

Strecke
9,5 km

Gesamtgehzeit
ca. 4–4½ Std.

Wegnummern-Folge
39 – 57 – 35 – 35A – 2

Auf breitem Weg zum Wollbachgraben bis zur Kehre, sich dort links haltend zur Steigabzweigung. Nun teils in Kehren am bewaldeten Südabhang mit Nr. 5A länger ansteigend bis zum Steig Nr. 5, Gehzeit ca. 2 Std. (Nr. 5A führt hinauf zum bewaldeten Kellerkopf, Gehzeit ca. 1 Std.; Nr. 5 führt rechts zur Wollbachalm, 1607 m; Gehzeit ca. ½ Std.

Nun links weiter auf Steig Nr. 5, in meist ebenem Verlauf das Keilbachtal durchquerend, über Oberhütte und Golseralm zur schön gelegenen Jausenstation Holzerböden (1897 m); Gehzeit ca. 1 Std. Großartiger Nahblick zu den Rieserfernergipfeln und in das Ahrntal.

Abstieg auf Weg Nr. 6, anfangs auf Wirtschaftsweg, dann auf Steig über den Kammrücken des Holzberges, mehrmals den Almwirtschaftsweg überquerend zur asphaltierten Höfestraße (Parkplatz, 1420 m; rechts, westwärts ebener Verbindungsweg zur nahen Bizathütte, 1414 m, ca. ½ Std.). Von den Golser Höfen auf Fahrweg zu den Keil-Höfen im Keilbachtal (1330 m). Weiter mit Weg Nr. 4 hinab zum Brunnkofler am Sonnenweg-Höfeweg und auf diesem ostwärts entlang (Nr. 12) an den Kofel-Höfen vorbei zum Voppichlhof; Gehzeit ca. 1½ Std.

Anfahrt

Anfahrt von Sand in Taufers im Ahrntal, 12 km, nach Steinhaus und 2 km weiter zum Weiler Gatter, Abzweigung links auf asphaltierter Höfestraße zum Voppichlhof am Sonnenweg (Ahrntaler Höfeweg).

WANDERUNG

Wegverlauf
Voppichlhof (1207 m) – Holzerböden (1897 m)

Charakteristik
Eine Wald- und Almwanderung an den Sonnenhängen des landschaftlich einmaligen Ahrntales.

Die Ortschaft St. Jakob im hinteren Ahrntal mit Ausblick auf die Gletscherriesen der Zillertaler Alpen

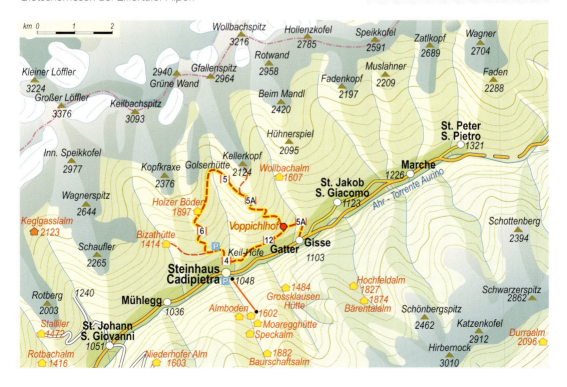

GENUSSREGIONEN IN SÜDTIROL

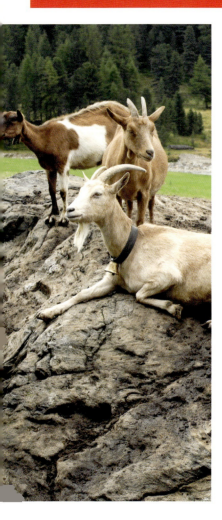

Die Berge, der Wein, die kulinarischen Köstlichkeiten, das bäuerliche Umfeld, das sind alles Faktoren, die Südtirol zu einer Region machen, in der Leben zum Hochgenuss wird. Um die bäuerliche Welt den eigentlichen Nutznießern näher zu bringen, sind mehrere Institutionen und Vereine tätig am Werk. Einige seien nachfolgend angeführt.

Eier von glücklichen Hennen; vom Fruchtsaft zum „Marilleler", vom Kräutertee zum Bauernkäse

Der „Rote Hahn" ist ein Gütesiegel für hochwertige und veredelte Produkte von Südtiroler Bauernhöfen. Der Warenkatalog umfasst heimische Erzeugnisse wie Fruchtsäfte, Fruchtaufstriche, Trockenobst, Destillate, Essig, Milchprodukte und Freilandeier.

Der Verleihung der Marke „Der Rote Hahn" liegen strenge Kriterien zu Grunde, deren Einhaltung von einer eigenen Kommission (angesiedelt beim Südtiroler Bauernbund SBB) kontrolliert wird.

Der Betrieb muss in Südtirol angesiedelt sein und muss 75 % der Rohstoffe am eigenen Hof produzieren. Maximal 25 % kann er von anderen landwirtschaftlichen Betrieben in Südtirol kaufen. Die Produktion von Kräutern und Destillaten bedarf noch zusätzlicher Lizenzen und Qualifikationen.

Der Zusatz von Antioxidations- und Schönungsmitteln ist nicht erlaubt und die Rohware muss frei von gentechnisch veränderten Organismen sein.

Die Destillate können als sortenreines oder als Verschnittprodukt hergestellt werden. Bei der Produktion von Essig trifft eine Ausnahme zu: Einsatz von Essigsäurebakterien – Starterkulturen und gewissen Filterhilfsstoffen.

Was den Käse und andere Milchprodukte betrifft, werden sowohl Ausgangsmaterial als auch Fertigprodukt vom Labor des Sennereiverbandes regelmäßig kontrolliert.

Auch die Freilandeier sind strengen Kriterien unterworfen,

Südtiroler Bauernbund
Schlachthofstraße 4/D
I-39100 Bozen

Tel. +39 0471 999 325
Info@roterhahn.it
www.roterhahn.it

sollen sie das Markenzeichen erhalten. Die Auslauffläche muss mindestens 4 qm pro Henne ausmachen. Woher kämen sonst die Eier von glücklichen Hühnern, wenn nicht von den Bauern, die Tradition wieder aufgenommen hätten, die bis nach der Mitte des vorigen Jahrhunderts die alltägliche Regel war?

„ahrntal natur",
Naturprodukte und Lebensfreude

Die Ahrntaler waren immer schon dafür bekannt, kreativ und einfallsreich immer wieder neue Wege gefunden zu haben. Es gibt nun mehrere Bauern, die hervorragende Produkte hervorbringen, aber einfach selber nicht die Struktur besitzen um über einen kleinen Hofladen hinauszuwachsen. Ein paar tüchtige und beherzte Initiatoren, darunter Martin Pircher und der Moserhofer Bauer riefen eine Organisation ins Leben, der eine eigene Philosophie zu Grunde liegt: Nicht überall wo Natur drauf steht, steckt auch Natur drin. Doch rund 10.000 Rinder, 912 Bauernhöfe und 183 bewirtschaftete Almen im nördlichsten Tal Südtirols sprechen eine eigene Sprache. Dies ist die Grundlage, auf der „ahrntal natur" als regionaler Zusammenschluss die besten Produkte heimischer Bauern nach strengen Kriterien präsentiert.
Die Angebotspalette geht vom Käse über Würste, Eier, Gemüse bis hinauf zu den Kräuterprodukten. Alles rigoros von Bauernhöfen aus dem Ahrntal. In einer separaten Liste führt „ahrntal natur" Produkte aus ganz Südtirol.
„ahrntal natur" hat auch interessante Partner so z.B. den Südtiroler Köcheverband und sogar Slow Food, dem es der Ahrntaler Graukäse besonders angetan hat.

Ahrntal natur
Moserhof 4
I-39030 Steinhaus/ Ahrntal

Tel. +39 0474 652274
Mobil +39 348 35 47 329
info@ahrntalnatur.com
www.ahrntalnatur.com

Die frohen Feinschmecker von Slow Food

Im Sinne des Slow Food- Dreiklangs: Gut, nachhaltig und fair haben sich die Herren und Damen von Slow food umgesehen in Südtirol und den Zusammenhang zwischen Kultur, Tradition und Landwirtschaft aufgespürt. Die Organisation, die in Präsidien (Bezirke) gegliedert ist, bemüht sich um die Erhaltung wertvoller Landwirtschaft und guter, alt hergebrachter Produkte, ganz im Sinne eines nahen Kontaktes zwischen Produzenten und Endverbrauchern. „Genussführer Südtirol" heißt der Titel des von Slow Food bei Tappeiner herausgegebenen Buches. Auf insgesamt sieben Streifzügen werden Täler charakterisiert, Landschaften beschrieben, stets auf der Suche nach dem ursprünglichen landwirtschaftlichen Produkt und der besonderen Eigenart der Menschen im Land südlich der Alpen. Der Ahrntaler Graukäse und die ganze Produktpalette rund um „ahrntal natur" kommt im Slow Food Führer zu besonderen Ehren, dieser herrliche Sauermilchkäse, der ohne Beigabe von Lab auskommt. Lange hat er ein Aschenbrödel Dasein gefristet, vom breiten Publikum kaum geschätzt. Nun wird er wieder durch die Bauern auf die Ältäre der Feinschmecker gehievt. Im Vinschgau wird als Rinderrasse das Grauvieh besonders geschätzt, weil, so Slow Food, die Graue eine alt eingeführte fast autochthone Rasse ist. Sie ist zarter gebaut und leichter, dafür ist sie wie geschaffen für die steilen Bergwiesen Südtirols und noch nicht zur Turbokuh mutiert.

Südtiroler Qualitätsprodukte

Die Südtiroler Qualitätsprodukte mit der neuen Dachmarke präsentieren sich in Südtirol wie auch überregional und im Ausland. Organisiert wird der Auftritt der heimischen Qualitätsprodukte von der EOS – Export Organisation Südtirol der Handelskammer Bozen im Auftrag des Landes Südtirol. Zu den Qualitätsprodukten zählen Speck, die verschiedenen Brotarten vom Völser Schüttelbrot über das Pusterer Breatl zum Vinschger Urpaarl, die Milch und ihre Produkte sowie die vielfältige Palette der Honigsorten. Einen immer größeren Stellenwert erreichen von Jahr zu Jahr die Qualitätsprodukte mit Gewürz – und Heilpflanzen: gegen jedes Übel scheint ein Kräutlein gewachsen zu sein!

Der Zauber von Martell: zwischen Erdbeeren und Gletscher

Das Martelltal, eingebettet im Stilfser Joch Nationalpark, ist eines der schönsten Seitentäler des Vinschgaus. Es erstreckt sich von 950 m bis zum Gletscher des Cevedale auf 3769 m. Hier finden Sie genau das, was man sich in diesem hohen Tal der Bergbauern nicht erwarten würde: die Bergerdbeere. Das Martelltal mit seinen Anbaugebieten auf 900 bis 1800 m ist die höchstgelegene zusammenhängende Anbaufläche Europas und bietet aber auch für verschiedene Beeren- und Gemüsesorten ideale klimatische Bedingungen. Durch die hohe Lage, das frische Klima und die verschiedenen Höhenstufen produzieren die Marteller Bauern immer noch Erdbeeren, wenn in tiefer gelegenen Gebieten die verführerischen Früchte schon längst vorbei sind.

Vinschger Bauernladen
Qualitätsprodukte vom Bauern

INNOVATIVE GENOSSENSCHAFT

Ein paar kluge Köpfe haben sich zusammengefunden und hatten die Idee, über eine Genossenschaftsstruktur den produzierenden Bauer und den verzehrenden Endverbraucher in direkten Kontakt zu bringen. So entstand in Naturns der „Vinschger Bauernladen", der über 700 Produkte unter dem Motto „Vereinte Vinschger Vielfalt" anbietet. Der Vinschgau ist schon lange bekannt wegen seiner Marillen, seiner Beeren, seiner Spargeln und der verschiedenen Feldgemüsesorten; ganz zu schweigen von den Qualitätsäpfeln. So zeichnen sich auch die Produkte des Bauernladens durch ihre Qualität aus; aus erster Hand findet man alles, von Milchprodukten über Räucherwaren bis zu verschiedensten Fruchtaufstrichen. Was den so genannten „Bio-Anbau" betrifft, über den allerhand Missverständnisse in der Volksmeinung vorhanden sind, kann so eine Institution wie der Bauernladen Aufklärungsarbeit leisten.

Hauptstraße 78, Juval
I-39025 Naturns
Tel. +39 0473 667723
vinschger@bauernladen.it
www.bauernladen.it

Öffnungszeiten
Sommer
Mo–Fr 9–18 Uhr
Sa   9–17 Uhr
So   14–18 Uhr
Winter
Mo–Fr 9–12/15-18 Uhr
Sa   9–12 Uhr
So   14–18 Uhr

Anfahrt
Von Meran auf der Vinschgauer Staatsstraße bis zum Kreisverkehr von Naturns. Dort die Ausfahrt Richtung Reschenpass nehmen und durch den Tunnel fahren. Nach dem Tunnel liegt der Laden nach etwa 1,5 km an der Hauptstraße.

© 2009 Tappeiner AG, Lana (BZ); Italien
Alle Rechte vorbehalten

Bildnachweis: Tappeiner AG, Südtiroler Bauernbund,
Othmar Seehauser, Frieder Blickle
Umschlagfoto: Tappeiner AG

Agentur DigitalWorld, Atlas Service, Archiv Lechner
Reinhilde, Archiv Mur Rosmarie, Archiv Pohl Heiner,
Foto Drescher, Foto Seppi Kaltern, Fotoagentur Sirio,
Fotograf Mayr, Fotograf Günther Jürgen, Fotograf
Morelli Walter sowie weitere Bilder aus dem Privatbesitz
der Inserenten.

Autoren: Jul Bruno Laner, Christjan Ladurner,
Johann Kammerer

Kartografie: Johann Kammerer

Gesamtherstellung: Tappeiner AG
www.tappeiner.it

Printed in Italy

ISBN 978-88-7073-501-7

TAPPEINER.